JN215783

ずっと使える

FX

チャート分析
の基本

田向宏行
Tamukai Hiroyuki

シンプルなテクニカル分析による売買ポイントの見つけ方

自由国民社

「運」や「予想」に頼らない！「値動き」からチャートを読む技術を身につける

このたびは、私自身３冊目、共著を併せると６冊目のＦＸ本を手に取って頂き、ありがとうございます。多くの個人投資家の方々や、これからＦＸをやってみようという初心者の方からのご支持もあり、爆発的ヒットとはならないまでも、ジワジワ、コツコツと、まるで私のトレードのように、徐々に読者の方が増えているのは、感謝の極みです。

　私は個人投資家ですが、このように文章を書かせて頂いたり、時にはテレビ出演したりもします。しかし、本業はあくまでＦＸなどの投資運用で、投資収益で生計をたてています。

　私のツイッター（@maru3rd）や、ブログ（虹色ＦＸ）、または西原宏一さんのメルマガをお読みの方はご存じだと思いますが、50代となった今は、週の半分ぐらいをテニスなどでゆったりと過ごしています。専業トレーダーなので、通勤もなく比較的自由な暮らしですが、相応のリスクもあります。

　例えば、将来は堅実に企業や役所に勤めていた方のように年金に頼ることはできません。ずっとこの投資生活を続け、資産を増やさなくてはなりません。つまり、今後も投資で収益を出し続けていく必要があるのです。

　投資で生活し資産を増やすためには、丁半博打のように運に頼った一か八かのトレードは論外で、堅実に利益を積み上げる取引を続ける

だけです。

　実際、私がＦＸ取引を始めるにおいて特別な才能があるわけではありませんでした。多くの人がやるような失敗もたくさんしてきましたし、時には退場寸前まで追い込まれたこともあります。

　それでも、コンスタントに収益を出せるようになったのは「適切なチャート分析の技術」を身につけたからで、それは誰しもが学べば相場に応用することができるものです。

　本書ではその技術について、右の図のような流れで解説していきたいと思います。

　チャート分析の技術を身につけると、日足であれば、前著のように１日に数回チャートを確認するだけで十分になります。なぜなら、エントリー・ポイントは予めわかっているので逆指値注文を置くことができますし、その注文には損切り決済する価格もわかっているので、注文を置くことができるからです。テニスクラブに行く自由もありますし、兼業の方なら本業に専念することもできるでしょう。

　ＦＸは、決められたことを決められた通りにできれば、時には損をすることがあってもトータルでは利益を出せるゲームです。この基本を知らずに資金を失う人が多いのです。そこで個人投資家としての反省と経験から前著『１日２回のチャートチェックで手堅く勝てる兼業ＦＸ』（自由国民社）を書きました。

　ＦＸのみならず、「相場」というものは、株式相場や商品先物相場、債券金利相場などもあり、最近では仮想通貨相場が話題になりましたが、古くは江戸時代の堂島米相場が世界最初のデリバティブ相場とされています。私は、この江戸時代からの知恵の蓄積が相場取引の基本だと考えています。

FX＝技術

FX で儲ける		相場の多数派に乗る

- ●レバレッジを使うFXでは、トレンドに順張り
- ●売り手と買い手、どちらが多数派かはチャートに現れる

チャート分析		多数派を見極める道具

- ●高値と安値の意味を理解する
- ●レンジは売り手と買い手の攻防を表す

取引手順		レンジブレイクを狙う

- ●トレンドはレンジブレイクの繰り返し
- ●レンジブレイクがエントリーのタイミング
- ●レンジの反対側＝転換点が決済ポイント
- ●逆指値を使い戦略的オペレーション

　実際、この考え方は世界中のあらゆるトレーダーの相場取引の基本ですし、それを知らずして相場で利益を上げるのは難しいでしょう。ところが、ＦＸを始めた個人投資家の多くは、この基本を知らずに取引します。私もその一人でした。すると時には儲かり、時には損をする「運」次第の取引となります。どんな「幸運」もずっと続くわけではないことは、大人なら誰でも承知のことです。結局、「運」次第の取引は、いずれ資金を失うことになります。

　経済指標やニュースを自分流で分析し、自己流予想で取引して一喜一憂するのもＦＸの楽しみ方なのかもしれません。しかし、私はこれ（投資）で生活しているので、利益追求に専念し、余計なことはしな

いようにしています。

　日本の株式市場は、日本経済ひいては日本社会に依存します。しかしＦＸは日本経済がどうなろうと、グローバルな為替市場を相手にするので関係ありません。また、24時間動くマーケットは世界中のどこにいても取引ができます。
　個人の収益という観点からも大きな可能性のあるＦＸマーケットから収益を得るための最初の一歩をサポートし、あなたの第２の収入源を確立するお手伝いができれば幸いです。

2018年10月

田向宏行

も く じ

PART **3** 相場の勝ち組に乗る
チャートの読み方

PART 4 実際のチャートで値動きを追って取引する方法

_{PART}**5** フォーメーション分析も
値動き重視で確度が高まる

PART

チャート分析の
技術なくして
利益は得られない

私たち個人投資家がFXで利益を得るには、チャートを分析する技術を身につけ、客観的な事実に従う取引を行うことが最善の方法です。1章ではそのための土台となる部分を解説していきます。

FXで稼ぐには
技術を段階的に
習得する必要がある

▎為替ディーラーに教育システムは「ない」

　私がFXを始めた頃、外資系銀行に為替ディーラーとして勤めていた旧来の友人がいました。彼は特にトレードについては教えてくれませんでしたし、何でもやってごらん、というスタンスでした。そこで彼に銀行の教育メソッドを聞いてみました。世界的に有名で大手の外資系銀行では、行員の教育システムやトレード方法の教育ノウハウが確立していて、それでディーラーを育成していると思ったからです。

　ところが、現実は違いました。

　なんと、外資系銀行に為替ディーラーの教育システムはありませんでした。これはその友人が勤務する銀行だけでなく、その後に知り合った何人もの元外資系ディーラー、もちろん違う外資系銀行に勤めていた人たちにも尋ねましたが、答えは同じ。そんなものは「ない」ということでした。

▎新人ディーラーと個人投資家の違いはポジション管理のみ

　では、プロ中のプロである銀行の為替ディーラーはどうやって一人前になるのでしょうか。

　答えは「OJT」です。

　OJT（On-the-Job Training）は、言葉通り上司や先輩が実務を通じて仕事を覚えさせるものです。最初は先輩ディーラーのアシスタントとして、簡単にいえば「パシリ」（使いっぱしり）をしながら、トレード端末の使い方や、どんなタイミングで取引するのかとか、ど

のように帳票を残すかとか、そういうことを観察しながら仕事を覚えていくようです。

　いずれにせよ、新人ディーラーはある日、先輩ディーラーの「やってみろ」の一言で為替の戦場に送り込まれ、トレーディングの実戦に参加します。

　なんとも洗練されていない、徒弟制度的な方法に驚くとともに、トレーディング部門が金融機関の中でも特殊な部署なのだろうと感じました。

　これでは私たち個人投資家がＦＸを始めるのと、基本的に変わりません。ある意味、無謀な相場の始め方だと思います。ただ私たち個人投資家と銀行の新人ディーラーが大きく違う点は、上司や先輩がポジション管理している点です。新人に大きなポジションは持たせないし、ダメなポジションは強制的にカットしてしまいます。つまり金融機関

図1. 外資系銀行の例

Goran Bogicevic / Shutterstock.com

アメリカ合衆国ニューヨーク州に本社を置く、シティグループのビル

でも新人は手さぐりでトレードを開始しますが、間違いは強制的に正されます。ここが私たち個人投資家と大きく違う点です。損切りできない、ということはなく、**損失ポジションは強制的にカットされる**のです。失敗を**事実として**受け入れるメンタリティが大事だということです。

▌トレーディングは自分で考え作り出すもの

取引で間違いや失敗をした新人も、取引することが仕事なので必死に相場を学びながら経験を積まざるをえません。外資系では結果を出さないと、その人に居場所がなくなる、給料を貰えなくなるからです。たぶん新人の彼らは私たち個人投資家より相場に対して濃密な時間を過ごすのだと思います。

私は、この話を聞いて、金融取引やトレーディングという分野については、業務として行うプロの金融機関ですら教育メソッドが確立していないことを知りました。そう考えるとトレードの体系書がないことも納得がいきます。この点からも、トレーディングは最終的には**自分で考え、作り上げるものなのかもしれません。**

銀行の新人ディーラーと私たち個人投資家との違いは、**上司による資金管理と、本人の目的意識です。**逆に、この2点を補えばアマチュアの個人投資家でもマーケットで生き残ることができそうです。

▌個人投資家にはOJTがない

学校教育やスポーツや語学などでは、一般的に教育メソッド（method＝方式・方法）ができています。算数であれば、まず「足し算」「引き算」。それがベースとなって「掛け算」「割り算」、そして「方程式」、さらには「微積分」というように知識の段階を経てより高度な考え方や計算方法、技術を身につけていくという習得の方法が確立しています。

スポーツや語学でも、どの程度できれば、どのレベル、ということ

図2. 個人投資家と新人ディーラーの違い

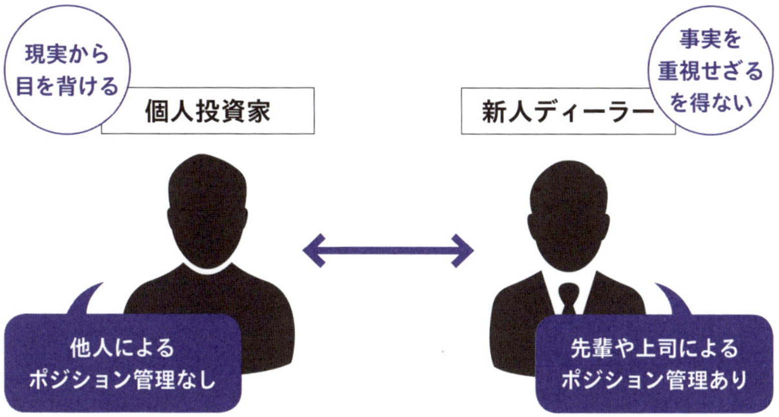

現実から
目を背ける

個人投資家

事実を
重視せざる
を得ない

新人ディーラー

他人による
ポジション管理なし

先輩や上司による
ポジション管理あり

両者のキャリアや技術に差がない場合、違いはポジションを管理
されているかどうか、という点。強制的に間違いを正されること
で、相場で生き残り学んでいくことができる

がある程度判断できるようなメソッドがあるので、テニススクールや
英会話スクールではまずレベルチェックして技量に応じたクラスに振
り分けされます。

　**こうした教育メソッドや技術段階の評価基準、判別方法が、ＦＸや
金融取引にはありません。**

　これが、ＦＸ初心者なのにプロと同じようなことをする無謀な取引
を生んだり、結果として株やＦＸ（為替）取引を始めた人の８割から
９割が退場する原因なのではないでしょうか。

▌まずＦＸそのものを知ることから始める

　17ページの図は、ＦＸ技術習得の段階をピラミッド図として可視
化したものです。**これは私自身の経験やほかの個人投資家を見てきた
中で、何から学ぶことがトレーダーとして効率的に成長でき、相場で
生き残っていけるか、という視点でまとめたものです。**

　ここで示すように、まずはＦＸが何かという基本を知ることが大

切です。ＦＸが相対取引であるため逆張りに向かないこと、資金管理が重要であること、投機取引の特性、実効レバレッジの重要性など、ＦＸ取引が何なのかを知らないと儲けることはできません。これがすべてのベースであり、これがわからないと、無謀なポジションを持ちいずれ破滅します。

　銀行の新人は無謀なポジションを持てないので少なくとも１年は生き残ることができます。また仕事なので、基礎的知識は公私を問わず必死に勉強することになります。安易にＦＸを始める個人投資家とは、この目的意識の違いが大きそうです。

　私が入門書でも書いたように、ＦＸで儲ける方法は人それぞれで10人10色です。だから小学生トレーダーもいます。しかし、失敗する人はみんな同じ失敗で資金を失いＦＸから退場します。それはこの「基本」を知らないからですし、個人投資家には誰もＯＪＴで教えてくれません。

▎次に重要なのは、相場の値動き

　基本をおさえたうえで、次に重要なのは相場の値動きです。**大抵の人はここを飛ばして、その上のテクニカル指標やファンダメンタルズ分析を学ぼうとします。これがトレーダーとして成長するためには遠回りになっています。**算数の例を出すまでもなく、段階を経ずに先に進んでも、結局は飛ばしてきた部分を理解しないと先に進めない場面が出てくるからです。

　本書では主に２段目の「値動き・チャート分析」について解説しますが、その前に簡単にそれらを理解するうえでの大前提として、ＦＸの基本、ＦＸで儲けるためには何が必要か、何を後回しにすべきかを簡単に解説しておきます。これはピラミッド図のさらに下にある、最も基本的な考え方や姿勢のようなものです。

図3. FX技術習得のピラミッド

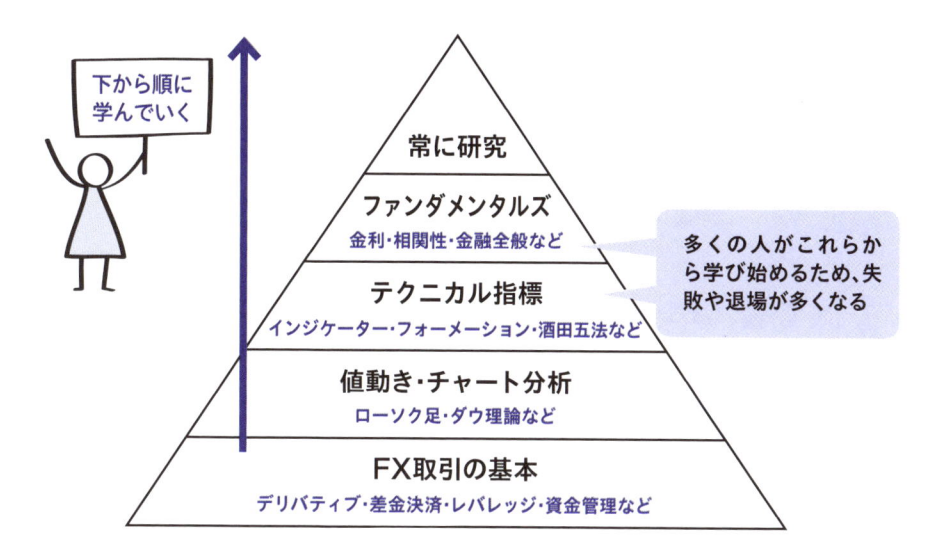

下から順に
学んでいく

常に研究

ファンダメンタルズ
金利・相関性・金融全般など

多くの人がこれらか
ら学び始めるため、失
敗や退場が多くなる

テクニカル指標
インジケーター・フォーメーション・酒田五法など

値動き・チャート分析
ローソク足・ダウ理論など

FX取引の基本
デリバティブ・差金決済・レバレッジ・資金管理など

ここが
重点！

❶「基本」を知らないから簡単に資金を失う
❷ＦＸの技術は段階を踏んで
　学んでいく必要がある

FX

Section 2

投資は技術が洗練されると加速度的に資産が増える

▌誰でも、いつでも使えるのが「技術」

　私は「FXは技術」だと考えています。

　チャートで相場の動きを分析するチャート分析は、基本を学べば誰でもいつでも使えますし、それによって利益を得られます。

　新たな技術を手に入れようと思えば、まず基礎知識と経験を積むことが必要です。これはスポーツでも、語学でも、料理でもそしてFXでもなんでも同じです。ただこの基礎固めの段階で多くの人が脱落します。

　「とにかく、まずやってみたい！」という人は、基礎がなんだろうと、見よう見まねでやってしまいますが、それで上手くいくことはあまりありません。**またある程度の技術を身につけるまでは、それなりに時間も必要です。**この時間が我慢できません。すると次々と新しいことに手を出したり、諦めて相場から消えていきます。つまり技術習得に専念できる人が少ないのです。

　こう考えてみてください。

- あなたの仕事をまったくの新人が今から始めて、あなたと同じようにできるには、どれくらいの時間が必要でしょうか？
- 会社などで他部署の人に今のあなたの業務を代わったら、その人はどれくらいで一人前になるでしょうか？
- 学生であれば、どれくらいの時間を受験勉強に費やせば難関大学に受かるでしょうか？

　どんな分野でも一朝一夕に何かができるようにはなりません。今、当たり前にできていることも、過去の積み重ねでできています。

　ＦＸの技術は時間に比例して上達するものではありません。最初は何もわかりませんし、経験も不足しています。**赤ちゃんがある日、突然話し始めたり、誰でもジャンプする前には屈む必要があるように、結果の前には見えない準備段階があるものです。**

▍労働者と投資家は価値観が異なる

　新たな投資技術を身につける修行過程では失敗も多く、資産が増え続けるようにはなりにくいものです。ＦＸを始めたら時間に比例するように収益が増え、資産が増えるというイメージは幻想で、技術習得の腰を折る要因です。最初の段階では、上手く結果が出ないこともし

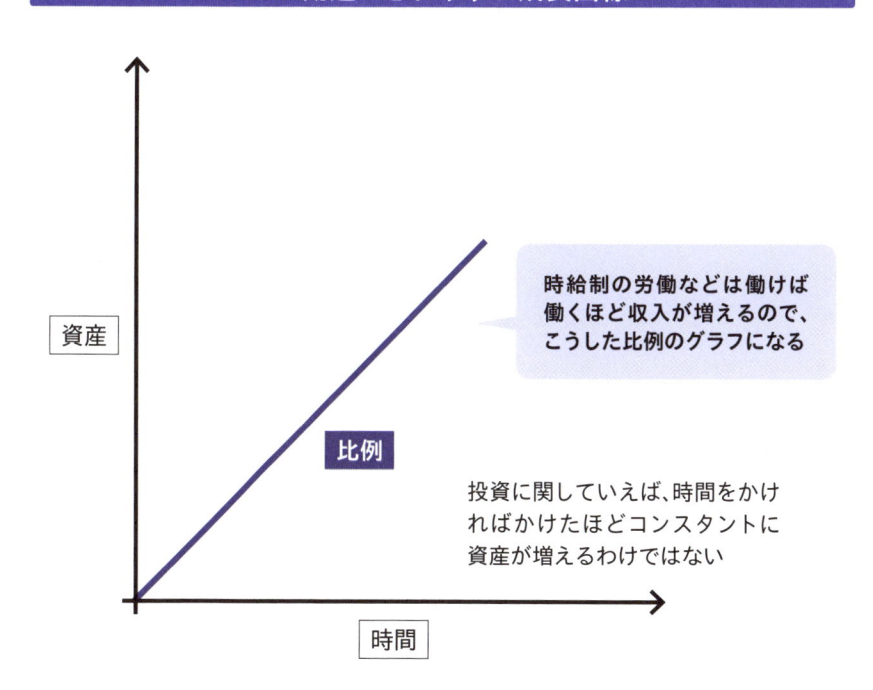

図4. 勘違いされやすい成長曲線

資産

時給制の労働などは働けば働くほど収入が増えるので、こうした比例のグラフになる

比例

投資に関していえば、時間をかければかけたほどコンスタントに資産が増えるわけではない

時間

ばしばです。

　だから**最初のうちは最小限のロットで取引する**ことが必要です。そ
うでなければすぐに資金がなくなります。

　これをイメージ図で説明してみます。

　図4のように、時間と共に技術が身につき資産が増える、と考える
のは、労働時間と対価の発想、つまり労働者の視点です。どこかに勤
めて働けば、その時間分の賃金を貰えます。しかし投資はそうではあ
りません。人の成長という視点で考える必要があります。

▎投資の成長曲線は加速度的

　投資は、最初の練習や学びに時間がかかります。しかし技術を身に
つけていくと、自然と収益は増えてきます。収益が増えないうちは、
トレード技術を身につけていない証拠です。

　投資が素晴らしいのは「**お金を働かせる**」ことができることです。
**自分の取引スタイルやトレード技術が洗練されてくると、加速度的
に資産を増やすことができます。** ＦＸではレバレッジも使えるため技
術さえ身につけば後は資金効率を高めることで、図5のような資産拡
大が可能になります。

図5. 実際の成長曲線

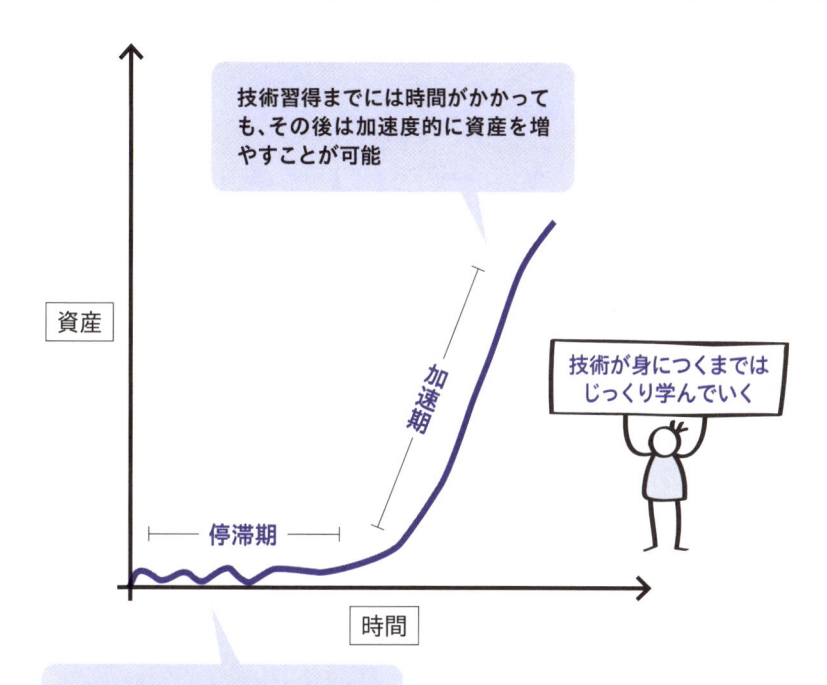

技術習得までには時間がかかっても、その後は加速度的に資産を増やすことが可能

資産

加速期

技術が身につくまではじっくり学んでいく

停滞期

時間

停滞期に迷っていろんなことに手を出すと、結局は遠回り。同じことを繰り返して技術を身につけることが大事

ここが重点！

❶トレード技術を身につけるには時間がかかる
❷技術さえ身につけば加速度的に資産は増える

取引技術を備えた トレードは ギャンブルにならない

▌技術がなければ場当たり的な取引になる

テクニカルを使ったトレード技術は、適切なステップを踏んで学べば、誰でも身につけることができます。私が小学生トレーダーの例を出すのもそのためです。**トレード技術を身につけると、確率的に優位な取引ができるようになり、とても合理的です。相場がチャンスを示すときに、一定の確率で利益を得られるようになるわけです。**

しかし、技術を持たない人はどうでしょうか。その時、その場で感覚的に取引することになります。これは、何の根拠もない取引です。そして、それを繰り返し続けるので、汎用的な技術になりません。

2017年末、タレントの出川哲朗さんのCMもあって仮想通貨が脚光を浴びました。取引業者のトラブルでニュースになったことでも注目され、数年前に少額買って放置していたビットコインの評価額が1億円を超えた人が出て「億り人」（オクリビト）という言葉が流行ったりしました。

「誰かが儲けたから、自分もできるだろう」、「買い持ち（buy and hold）して放置していれば、そのうち莫大な利益になるかもしれない」という考えには、何の根拠もありません。ただの感覚的取引で、事実上のギャンブルです。

▌1回の運よりもコンスタントに稼げる技術

ＦＸ取引も仮想通貨と同様に価格が上がるか下がるかで、利益になったり、損失になったりします。このため、「上か下か、どちらか

図6. ギャンブルで儲かった人の資産曲線

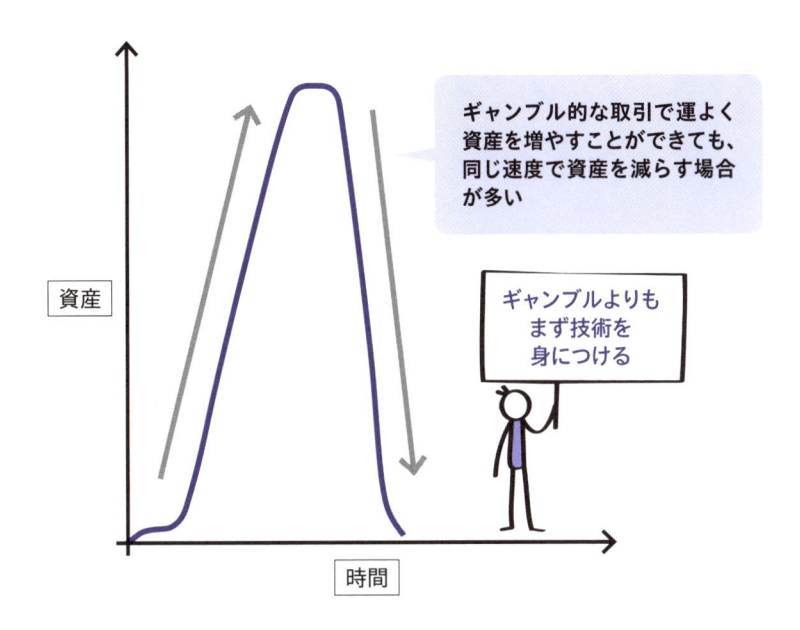

ギャンブル的な取引で運よく
資産を増やすことができても、
同じ速度で資産を減らす場合
が多い

ギャンブルよりも
まず技術を
身につける

資産

時間

に賭ければいい」と考えやすく、丁半博打（つまりギャンブル）をしてしまいがちです。これは取引技術を知らないからです。ＦＸで安定的に収益を得ている「ＦＸ技術」を持つ人は、こんな無謀なリスクは負いません。「上か、下か」つまり確率50％というと低い確率に賭けることになり、上手くいくのは難しいでしょう。

　ツイッターやＳＮＳなど、ネット上ではフルレバレッジで「賭け」のような取引をして、急激に資金を増やす人がごく稀にいます。こうした発信を見ると、自分もやってみようと思うのかもしれませんが、自分が「当たり」の一人となる確率はどれくらいでしょうか。無残に散る確率の方がはるかに高いはずです。

　こうしたギャンブルする人の資産曲線は、運がいい人でも図6のようなイメージです。**「幸運」がずっと続くことは残念ながらないのです。**1回の運に賭けるより、コンスタントに利益を狙える「技術」を身につける方が長期的には利益も大きくなります。

稼ぐためには アナリストではなく トレーダーを目指す

■ ただ学ぶだけでなく「しっかり」理解する

　ＦＸ技術習得のためのピラミッド以前の土台となる考え方をいくつか説明してきました。テクニカルに基づくトレード技術は、誰でも習得できますし、それで利益を得ることができます。私の周囲でも生き残ってＦＸで利益を得ている個人投資家は、いずれもテクニカルをメインにしています。

　またテクニカルをひとつでもしっかり使えるようになれば、小学生でも利益を得ることができることは私が過去の書籍や雑誌連載でも紹介した通りです。

　ここで重要なのは、**「しっかり」理解して使うということ。ひとつのテクニカル指標を継続して使って、経験を積むこと、自分の取引データを集積することで使いこなせるようになる、ということです。**これができた人は弱肉強食のＦＸ相場で生き残ることができ、継続できない人が退場していきます。

■「カタログ」的な解説書では稼げない

　テクニカル指標は多様なので、ＦＸに関する書籍もテクニカルを解説するものや、著者のテクニカルの流儀を解説するものがいくつも刊行されています。ブログや動画などネットにある情報を加えれば、テクニカルに関する情報は百花繚乱です。**こうなると、どの人の解説がいいのか、どのテクニカル指標を使えばいいのか、選択できなくなります。**このため、選択肢が多すぎで適切な情報にアクセスできていな

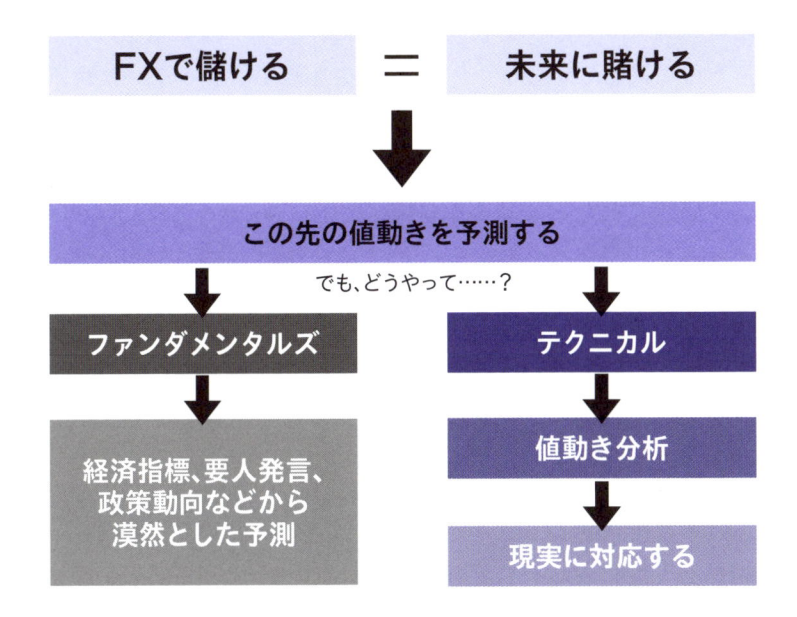

図7. FXで儲けるための具体的な手段

FXで儲ける ＝ 未来に賭ける

↓

この先の値動きを予測する

でも、どうやって……？

ファンダメンタルズ ／ テクニカル

↓ ／ ↓

経済指標、要人発言、政策動向などから漠然とした予測 ／ 値動き分析

↓

現実に対応する

い個人投資家が大半なのではないでしょうか。

　私自身も勉強のためいくつかのテクニカルに関する書籍を購入しましたが、共通するのは、さまざまな基本的なテクニカルの仕組みや使い方を解説する点です。解説方法がわかりやすかったり、図表が多かったり、文字ばかりだったり、表現方法はいろいろですが、中身はテクニカル指標のカタログです。

　でも、これは実用的ではありませんでした。

▌お金を稼ぐトレーダーは「値動き」に注目する

　なぜかといえば「どれを使えばいい」、と積極的に示してはくれないからです。初心者やテクニカルの基本を知らない人にとっては、表面的な違いしかわかりません。テクニカルの本質について触れているものが少ないと感じています。

　こうした「テクニカル指標のカタログ」は、多様なテクニカル指標

についてそれぞれの計算式や特徴、使い方を網羅しているので、「テクニカル・アナリスト」を目指す人、テクニカルの資格を取りたい人にはおそらく適しています。しかしお金を稼ぐトレーダーには向かない、と思いました。というより、私自身がこれまでこうした書籍を読んできて、いろいろなテクニカルの知識は得ましたが、本質的な相場の動きを把握できたとはいえません。

私は本書で解説する「値動き」に注目するようになって、はじめていろいろなテクニカルの本質や考え方、なぜ上手くいかないか、なぜ簡単に儲かるか、が見えてきました。

値動きは、すべてのテクニカル指標の元です。テクニカル指標が上手く使えない、判断に迷う、という時に「元」を知っていると相場を理解しやすくなります。

本章では、冒頭で紹介したFX技術習得段階のピラミッドにも組み込まれていない土台部分の考えを説明してきたので、次章から本格的なテクニカルの技術的な説明に入っていきます。しかし、テクニックよりも大事なことなので、この章の考え方はぜひご自身の頭に刷り込んでもらえると、今後の技術解説も理解しやすくなると思います。

ここが重点！

❶ひとつでもテクニカルをしっかり使えるようになる
❷テクニカルのカタログ本は投資家には意味がない

PART

チャートを
正しく読み取るための
ステップ

値動きを分析する場合、ただ横線を引いて目印をつけたり、パッと見で判断した「おおよその価格」は参考になりません。正確な価格を知るためにはチャートソフトを使って「ある価格」を確認するところから始めてみましょう。

Section 1
チャートとは何かを改めて考えてみよう

▌ チャート分析も本も「読み込むこと」が重要

　ここからは、テクニカルの本題で、テクニカル分析を使ったトレード技術の解説をしていきます。

　そのうえで重要なのは「緻密」に読み込むことです。丁寧に文字を追うことは、チャートの値動きを追うことと同じアプローチです。シャーロック・ホームズになったように、細かく何度も読んで頂ければ、トレード技術の向上に役に立つと考えています。

▌ パソコンが普及するまでチャートは手書きだった

　さて、みなさん、チャートとは何でしょうか。

　少し昔の話ですが、現在のようにパソコンやタブレット、スマートフォンで簡単にチャートやテクニカル指標が表示できるようになる前の時代、パソコンが普及する前の1990年台まではプライスボード（図1）だけでした。文字や数字で表示される売値（BID）と買値（ASK）などの情報しかありませんでした。チャートにラインや数字など多彩な分析ツールが描画される視覚的な情報は無かったのです。

　当時の銀行やファンドのディーラー達は自分で手書きの日足チャートを作ったりしていたようです。なにしろ手書きですから、今のように瞬時にテクニカル指標を描画することはできません。そもそもリアルタイムのチャートすら見ることができず、常に前日までの日足チャートしかありません。しかも手書きですし、時間軸を簡単に変えることもできません。ある意味、牧歌的でゆったりした時代だったの

図1. 売値と買値が表示されるプライスボード

	Bid	Ask	Spread	Change	BidOpen	BidHigh	AskLow	買Swap	売Swap
ドル/円	110.684	110.687	0.3	-0.378	111.062	111.166	110.516	65	-75
ユーロ/円	126.347	126.352	0.5	-1.678	128.025	128.106	126.198	-17	7
ユーロ/ドル	1.14150	1.14154	0.4	-0.01102	1.15252	1.15361	1.14138	-95	85
豪ドル/円	80.861	80.868	0.7	-1.016	81.877	81.990	80.758	41	-51
NZドル/円	73.130	73.142	1.2	-0.306	73.436	73.557	72.907	43	-53
ポンド/円	▼ 141.398	▼ 141.408	1.0	-1.008	142.406	142.566	140.954	29	-39
スイスフラン/円	111.266	111.284	1.8	-0.483	111.749	111.882	111.127	-29	19
カナダドル/円	84.447	84.464	1.7	-0.637	85.084	85.184	84.423	34	-44
ポンド/ドル	1.27734	1.27744	1.0	-0.00460	1.28194	1.28356	1.27241	-55	45
豪ドル/ドル	0.73053	0.73062	0.9	-0.00643	0.73696	0.73786	0.72816	-8	-2
NZドル/ドル	0.66062	0.66078	1.6	-0.00019	0.66081	0.66215	0.65706	0	-10
ユーロ/ポンド	0.89352	0.89362	1.0	-0.00479	0.89831	0.89915	0.89295	-47	37
ユーロ/豪ドル	1.56242	1.56257	1.5	-0.00033	1.56277	1.57014	1.56087	-84	74
米ドル/スイスフラン	▲ 0.99463	▲ 0.99479	1.6	0.00153	0.99310	0.99735	0.99303	87	-97
ユーロ/スイスフラン	1.13545	1.13563	1.8	-0.00955	1.14500	1.14604	1.13464	9	-19
ポンド/スイスフラン	▼ 1.27050	▼ 1.27078	2.8	-0.00305	1.27355	1.27696	1.26516	59	-69
豪ドル/スイスフラン	▼ 0.72642	▼ 0.72672	3.0	-0.00560	0.73202	0.73298	0.72502	57	-67

出所：YJFX

でしょう。こうした時代背景から、当時はファンダメンタルズや需給の情報が勝敗を左右します。

このころディーリングルームに居た人は、習性としてテクニカルよりファンダメンタルズを重視していたのでしょう。なぜなら、テクニカル分析を学ぶ機会も使うこともあまり無かったはずです。

いつでも見られるからこそ、後は腕次第

私たち個人投資家は当時のプロと比べると、とても恵まれています。プライスボードで示されていた値動きがチャートにもリアルタイムで表示されますし、複雑な計算を必要とするテクニカル指標も設定するだけで見ることができます。時間軸もクリックひとつで切り替えられます。しかも、こうした高機能なチャートを電車などの移動中にも片手で見ることができますし、海外でも、飛行機の中でも取引できます。**こうなれば、あとはトレーダーの技術次第です。**

ローソク足の意味を知れば視覚や感覚に頼らずにすむ

■ ローソク足には利益につながる情報が隠されている

　チャートといわれると、ほとんどの人がローソク足チャートを見ていると思います。ローソク足のほかに海外ではバーチャートも使われますが、本書では、ローソク足チャートで解説していきます。

　まず、このローソク足は何を示しているか考えたことがあるでしょうか。**単に値動きの軌跡として漠然と見るのと、「この中に自分の利益に繋がる情報が隠れている」と考え、ローソク足の中にある市場の動きを想像するだけで、チャートの見方は大きく変わってきます。**これはトレーダーの意識の問題です。金融機関の新人と個人投資家の話を思い出してください。

■ 「4つの価格」が1本で確認できる

　ローソク足が何を示すかといえば、その期間中の値動きです。日足なら1日24時間、1時間足なら1時間の中で、いくらで始まり（始値）、いくらまで価格が上がり（高値）、どこまで価格が下げ（安値）、最終的に時間軸が終わった時にいくらだったか（終値）、が示されています。

　この4つの価格（**始値＝Open・高値＝High・安値＝Low・終値＝Close**）を「**四本値**」といいます。

　ローソク足には四本値が図2のように示されていて、始値と終値の位置関係で**陽線**か**陰線**かが決まります。ちなみに日本では陽線が白または赤、陰線が黒または青で示されることが多いですが、海外では白黒は同じですが、赤青は逆になることが多いようです。つまり青が陽

図2. 4本の価格を示すローソク足

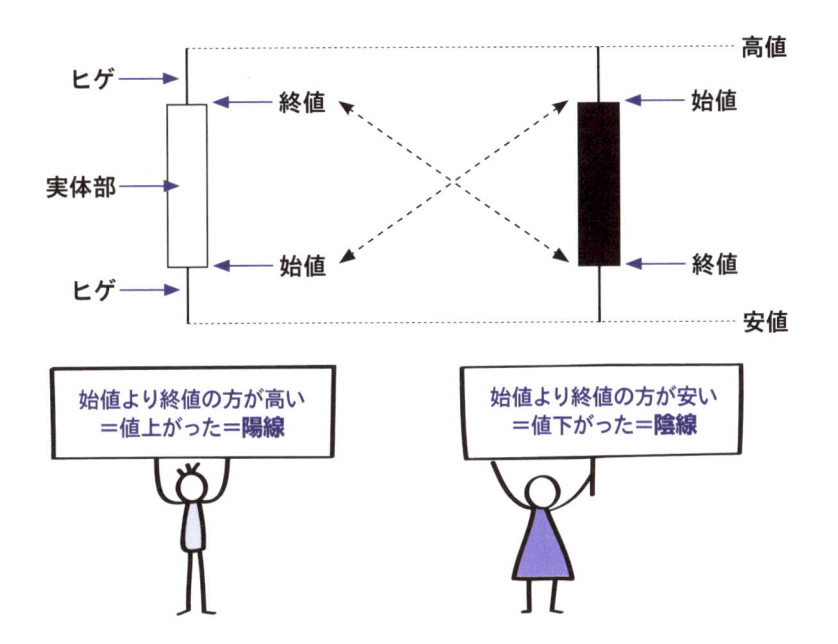

ヒゲ
実体部
ヒゲ
終値
始値
高値
始値
終値
安値

始値より終値の方が高い
＝値上がった＝**陽線**

始値より終値の方が安い
＝値下がった＝**陰線**

線、赤が陰線で私も海外勢の設定で使っています。

　四本値や陽線陰線は基本中の基本です。もし「初めて知った」という方は、まだＦＸの基礎知識が足りないので、現段階で本書を理解するのは難しいかもしれません。また、日足を「ニッソク」と読んでいるようなら、同様に基本を振り返った方がいいでしょう。

　第1章の冒頭のピラミッドを思い出してください。土台がないのに上の部分を学んでも、結局は時間の無駄で遠回りすることになります。見栄を捨て、まずは入門書から読み直す方が、結果的に損失を抑えられるでしょうし、トレーダーとしての成長も早いと思います。

▌陰線・陽線が続くチャートばかりではない

　ローソク足は、**陽線と陰線が見やすい点が優れています**。チャートに陽線が何本も続けば相場は上昇ですし、陰線が続けば下落とすぐにわかります。初心者でも視覚的・感覚的にわかる、ということです。

図3. 売買の判断を迷いがちなチャート

ドル円　日足　2018年2月

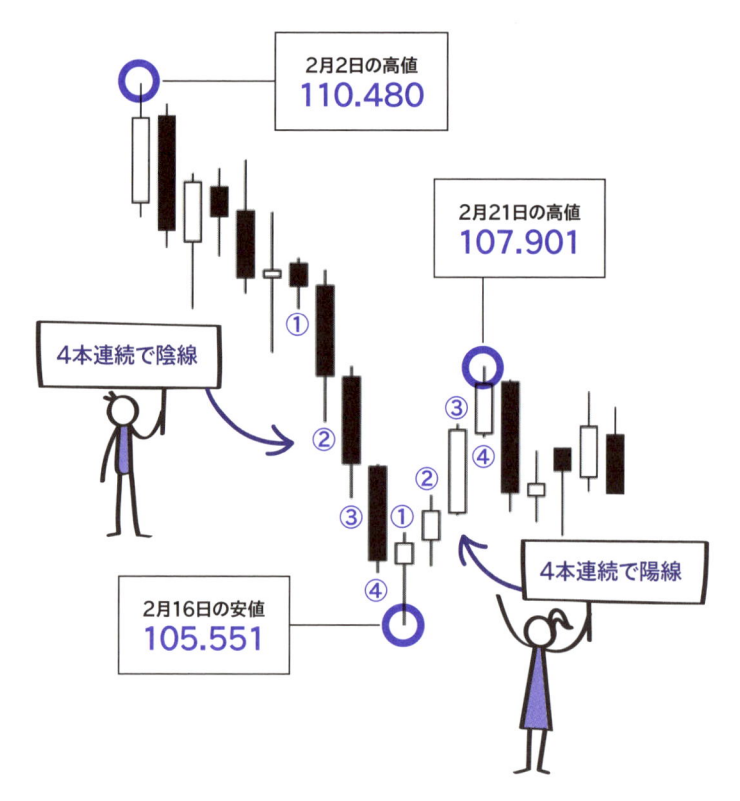

2月2日の高値
110.480

2月21日の高値
107.901

4本連続で陰線

4本連続で陽線

2月16日の安値
105.551

しかし現実の値動きは教科書的なきれいなチャートとは限りません。現実の値動きはもっと複雑です。 ここが書籍やブログで学ぶ知識と現実とのギャップになり、**個人投資家が困惑しやすいポイント**です。

❚ ローソク足の意味を知れば、判断の迷いが減る

　実際のチャートを例に見てみましょう。図3は2018年2月のドル円日足チャートの一部です。2月2日は陽線で高値をつけますが、その翌日は陰線です。陰線が出てからも、値は下げつつもローソク足は陽線になる場面もあり、チャート分析が不慣れな人を惑わせます。**現実のチャートでは単純にずっと陰線が続くとか、陽線が続くという形**

には、なかなかなりません。陰線の連続は4本ですし、反転した後の陽線も4本連続までです。

このときの動きを見ると、2月2日は陽線なので、始値より終値が高く、つまり価格は上昇しています。高値は110.480をつけますが、翌日（正確には週明けの2月5日）は下げて陰線です。始値より終値の方が安く、2月2日の高値110.480を超えず、安値も更新して徐々に価格が下げていることがわかります。

その後、この下落の動きは強まり、陽線より陰線の場面が多いことからも示されるように、2月16日安値105.551まで約5円下落します。約2週間で5円の下げなので、年間10円程度の変動幅であるドル円では大きな動きです。5円下落する強い流れなのに、時には陽線も現れるので、売りでいいのか、どこかで買った方がいいのか、迷う人もいるはずです。

また2月2日の高値の後で売った人は、途中に現れた陽線で迷ったり、売りポジションを持ち続けていていいのか不安に思ったかもしれません。また下落途中に現れた陽線で買いポジションを持って、すぐに損をする人もいるかもしれません。

こうした判断の迷いは視覚や感覚に頼って取引している証拠です。

ローソク足の意味を知ると、相場における基本的な判断基準を持てるようになるため、あいまいな判断が減り、取引の精度を上げることにつながります。

❶ローソク足は4つの価格（四本値）を示している
❷ローソク足の意味を学ぶと取引精度が上がる

すべての分析の基礎になるのが「値動き」

▋ 為替相場のデータは「値動き」しかない

　為替市場と株式市場の決定的な違いは、**為替市場には全体の管理をしている組織がない点**です。株式市場では証券取引所がすべての注文を扱い仲介機能を果たすため、最終的に成立した取引価格だけでなく、その前にある注文状況や注文量、成立した取引量などすべてを把握しています。**一方、為替取引は相対取引です。取引所はありませんし、すべての取引を把握している組織はありません。**現実にはどれくらいの取引が成立しているのか、正確な数字は誰も把握していません。当然、正確な取引量もわかりません。よって株式市場の「板」のようなものも存在しません。

　そうなると、為替市場のデータは、「**値動き**」しかないわけです。このため、どんなテクニカル指標も、計算式の違いで多少のタイミングのズレがあっても値動きに沿った結果を示します。取引量やボラティリティを元にするテクニカル指標は作れません。

▋ 道具は技術が身につかなければ上手く扱えない

　ＦＸに不慣れな人は、何か特殊なテクニカル指標を見つければ儲かるだろうとか、著名人が使っている取引手法なら上手くいきそうだ、と勘違いしがちです。同様に本書を1回読めば値動きやテクニカル分析を理解できる、そして儲かるようになる、と考えるのも楽観的すぎます。常識的に考えて、本を一度読んで何かができるようになる人はいません。

「道具」が同じでも、それを使う「技術」を身につけないうちは、同じような結果を出せるはずもありません。損をした時、「自分の使うテクニカル（ツール）に問題がある」、と考えるのではなく、「自分のテクニカル分析スキル（実力）が未熟だ」、と考えないと、いつまでも利益に繋がりません。

最適最強のテクニカル指標探し（「聖杯探し」と呼んだりもします）をして時間と資金を無駄にするより、ひとつのテクニカル指標をじっくり長期間使って、使いこなせるようになることがトレーダーの成長には有益なのです。

移動平均線をはじめとして、テクニカル指標にはたくさん種類がありますが、そのすべての基本となるのが値動きですから、まずはこの仕組みをしっかりと知る必要があります。

図4. 為替市場に存在しないもの

Sean Pavone / Shutterstock.com

①中央市場
写真は東京証券取引所（かつての立会場）の外観。日本国内の株取引の多くがこの市場で管理されている

②板
画像はSBI証券で表示されている板。株式投資では約定していない、売り手と買い手の指値注文が現在値から近い順で板に表示される

売気配株数	気配値	買気配株数
245,100	成行	102,300
19,100	OVER	
100	2,479	
100	2,466	
200	2,450	
100	2,430	
600	2,400	
100	2,392	
100	2,380	
1,000	2,350	
100	2,340	
316,800	2,300	
	2,300	特 500,400
	2,299	200
	2,295	100
	2,290	500
	2,287	100
	2,280	600
	2,275	100
	2,262	100
	2,260	300
	2,252	100
	UNDER	263,200

出所:SBI証券

為替市場には
これらがないため、
「値動き」が事実になる

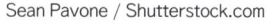

最初のステップは
正確なプライス（価格）を
把握すること

▌最初のステップを間違えている個人投資家が多い

　ローソク足でもバーチャートでも、**テクニカル指標を表示して安易に視覚的情報に頼ることはお勧めしません**。第1章のピラミッドで説明したように、順番が逆なのです。

　まずはチャートの基本となる値動きを理解すべきであって、そのうえで補助的にテクニカル指標を使うことをお勧めします。

　ＦＸを始めた個人投資家の多くは、（私も含めてですが）テクニカル指標を学ぼうとします。それは移動平均線だったり、一目均衡表だったり、ボリンジャーバンドだったり、いろいろでしょうが、まずテクニカル指標を知ろうとしがちです。

　相場が動いた理由や、どうやったら儲けられるかを探すと、テクニカル指標を使ったたくさんの取引手法が紹介されているからなのかもしれません。けれども、これではファンダメンタルズで取引しようと思うのと同じで、個人投資家はどこから手をつければいいかがわかりません。自分で情報を探しながら見聞きしたものから学び始めるので上達しづらいのではないでしょうか。

▌正確な価格を把握していない個人投資家が多い

　私はメルマガのお手伝いをしたり、こうした文章を書く機会を頂いているため、セミナーや懇親会などで多くの個人投資家の方とお話しする機会があります。そうした中で気がついたのは、「**プライス（価格）を把握していない**」人が意外に多いということです。

図5. チャートを見るうえで優先すべきもの

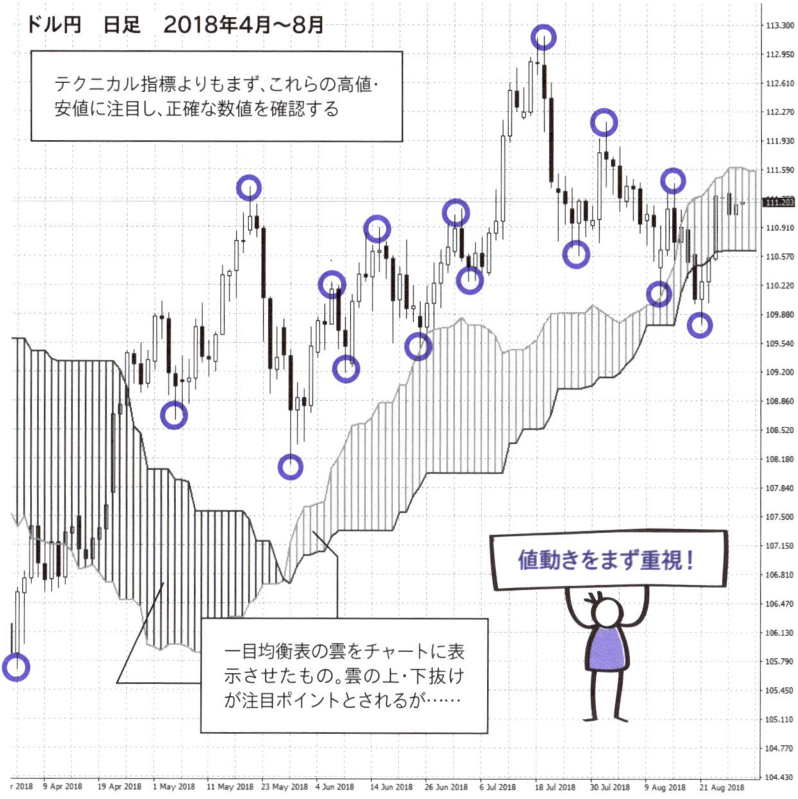

ドル円　日足　2018年4月〜8月

テクニカル指標よりもまず、これらの高値・安値に注目し、正確な数値を確認する

値動きをまず重視！

一目均衡表の雲をチャートに表示させたもの。雲の上・下抜けが注目ポイントとされるが……

これはテクニカル分析を使ううえでは、重大な問題です。

ローソク足の価格をキッチリ見ていないということは、値動きをキッチリ把握していない、ということと同じです。値動きを厳密に把握しなくても、移動平均線や一目均衡表のようなテクニカル指標を使うと、ラインや雲などが注目ポイントを示してくれます。

ただ個人投資家は、視覚的にチャートを見ているので、テクニカルの計算式を気にしないように、**相場の事実である値動きの数値**もあまり気にしていないのかもしれません。正確な価格を知らないということは、相場の動きを把握するうえで、大きな落とし穴です。

正確な価格を見るには四本値を確認する

▌横罫線を引いての確認では不十分

では、「正確な価格」とは、どの価格のことを指すのでしょう。よく、四本値を把握しようと思ってチャート上に横罫線を表示させローソク足の上や下にあてて、価格を確かめようとする人がいます。これはダメです。**なぜダメかというと、自分では正確にローソク足の上限・下限にあてられたと思っていても、あくまで目視に過ぎないからです。**チャートのツールには、そんなに細かく表示されません。

正確な価格を求める際には、市場でついている価格と寸分違わず同じ数字を知る必要があるため、目視の確認では不十分なのです。

▌四本値はどのツールでも表示させることができる

そのためには図2の「四本値」を見ていきましょう。ローソク足の四本値を確認する習慣をつけることは、チャート分析の基本です。

表示方法はＦＸ会社のチャートごとにそれぞれですが、基本的には設定次第で常にチャート上に現在の足の四本値を表示させたり、カーソルを当該足にあてれば、その足の四本値を表示させることができます。詳細は口座のあるＦＸ会社で確認しておきましょう。

今回、本書ではYJFXのチャートツールとして採用されている、MT4チャートで解説します。

MT4で四本値を表示させるにはチャート上で右クリック→「プロパティ」→「全般」→「四本値表示」にチェックを入れると選択することができます（図6）。

図6. 四本値を表示させる準備をする

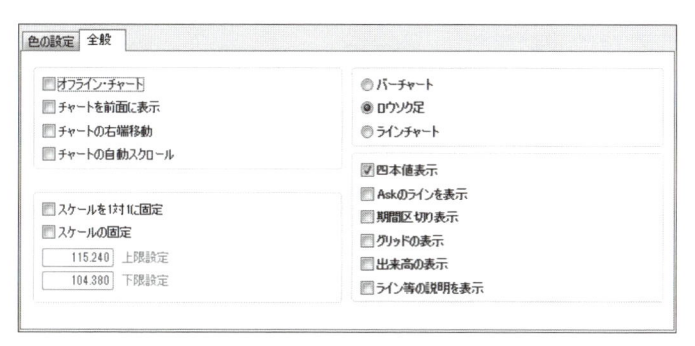

MT4のチャート上で右クリック、もしくは画面上側の「チャート」を押して、「プロパティ」→「全般」に飛ぶとこの画面を表示させることができる

　すると、MT4チャートでは左上に、通貨ペアの名称に並んで、始値・高値・安値・終値 が表示されます。図7は、ドル円日足チャートなので、この画像をキャプチャした2018年8月13日（月）の日足の四本値が示されています。ただし、このときはまだ日本時間の21時過ぎなので、日足は完結していません。ということは、始値は確定していますが、残りの高値・安値・終値は確定しておらず、現在までの値を示していることになります。当然ですが、前日の8月10日（金）の日足をカーソルで示せば、確定している8月10日の四本値がチャート上に表示されます。

▍同じように見えてもわずかに値が違うことがある

　この四本値がなぜ大事かというと、**図8のように、ローソク足だけでは、高値や安値が同じぐらいに見える場合がある**からです。このとき、陰線か陽線かに頼るだけではマーケットが上昇が続くのか、下落に転じるのかが判断できません。ギリギリの細かな数値を確認することが必要となってきます。そして、これを怠ると、相場が転換して流れが変わる場合があります。**流れが変わるということは、下手をすると急速に損失が拡大する可能性があるわけで、そうしたリスクは正し**

図7. 四本値が表示される場所

ドル円　日足　2018年7月～8月

USDJPY,Daily 110.515 110.738 110.111 110.594

ここにOpen(始値)、High(高値)、Low(安値)、Close(終値)の順で四本値が表示される

く把握しておく必要があります。

　大まかで視覚的なテクニカル指標ではわからない、細かな、しかし重要な判別のために、四本値をチェックする習慣をつけておくことが、チャート分析で利益を狙う基礎となってくるのです。

▍0.1pipsの違いを重視する

　ちなみに、図8のドル円日足チャートでの四本値は、高値が同じように見えているのは2018年4月25日と26日で、25日の高値が109.452円、26日高値が109.473円で、その差は2.1pipsと僅差ですが、26日の方が高くなっています。このため、高値更新していてまだ上昇の動きが続く可能性が高いと考えられます。

　また安値が同じぐらいに見えるのは、4月27日と週明けの4月29日で、27日安値が108.979円、29日安値が109.020円で29日の

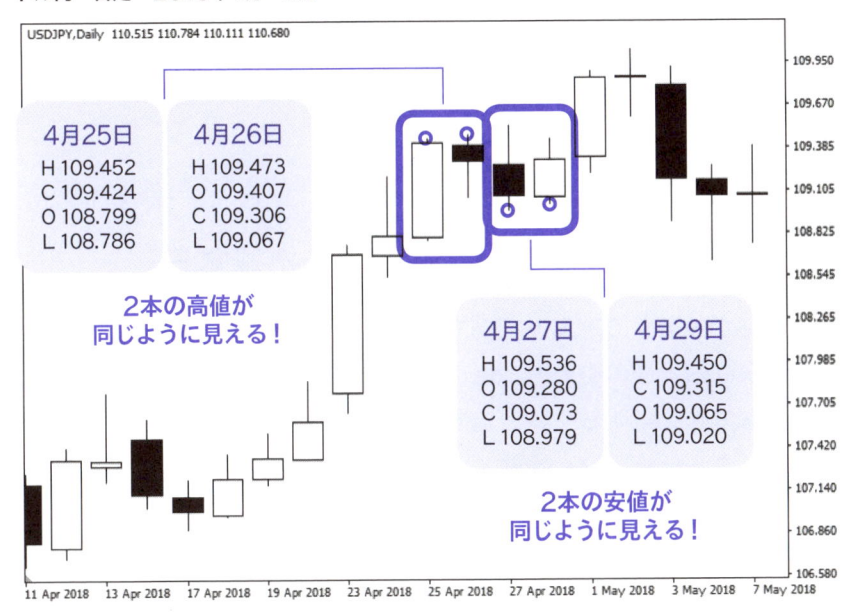

図8. 同じように見えるローソク足でも……

ドル円 日足 2018年4月〜5月

USDJPY,Daily 110.515 110.784 110.111 110.680

4月25日
H 109.452
C 109.424
O 108.799
L 108.786

4月26日
H 109.473
O 109.407
C 109.306
L 109.067

**2本の高値が
同じように見える！**

4月27日
H 109.536
O 109.280
C 109.073
L 108.979

4月29日
H 109.450
C 109.315
O 109.065
L 109.020

**2本の安値が
同じように見える！**

方が4.1pips高く安値を切り上げています。29日高値は27日を超えていませんが、安値も更新していないので、次のローソク足が注目されます。**現実のトレードでは、このような差がもっと狭く、0.1pips ぐらいの時もあり、それくらい細かな動きを見ることが値動きを知るうえでは重要です。なぜなら、それが相場の値動きというFX相場で唯一の事実だからです。**

ここが
重点！

❶同じような価格でも、正確に見ると違いがある
❷0.1pipsの違いがトレードに影響を及ぼすことがあることに注意

四本値で
重視するのは
高値と安値

▌戦略を立てるために高値と安値を把握する

　四本値が値動きの事実を把握するうえで重要なことを理解したところで、次は四本値の中でも、どの値を重視するのがトレーディングには大切なのかを説明していきます。

　テクニカル分析では、**高値と安値が重要**と考えています。

　これは後にご説明するダウ理論に関連しますが、相場の流れ、値動きを考えて戦略を立てるためには高値と安値に意味があります。

▌始値と終値だけだと具体的な取引ができない

　四本値の中で始値と終値に注目すると、ローソク足が陰線か陽線かが決まります。陽線であれば、そのローソク足1本の時間の中で、上下しつつも結局は上がって終わったことがわかり、今後も上昇する可能性がありそうだと考えられます。陰線の場合は逆で、下げそうだと考えることができます。ただし、それだけでトレードはできません。エントリーのタイミングと損切り（ストップ）の置き場が決まらないからです。「上がりそうだからとにかく買ってみよう」では根拠のないファンダメンタルズとあまり変わらず、資金管理の面は別に考えなければなりません。

▌高値・安値を超えるかに注目する

　図9を見てください。Aの部分では陽線の次に陰線が現れます。終値を重視して陰線陽線に注目するなら、ここで下げることになります

が、相場は下げません。Ａの陰線は前の陽線の高値を超えてから下げていて、このローソク足では陰線ですが、過去からの上昇の流れは続いているわけです。

さらにＢの部分でもＡの部分と同じように、陽線の次に陰線が現れます。しかし、今度は下げていきます。Ｂの部分では陰線が前の陽線の高値を超えませんでした。

このチャートに表れているＡとＢは同じように陽線の次に陰線が出ていますが、結果は全く違っています。一方、高値安値に注目すると、前の高値を超えたら下げず、前の高値を超えられないと下げています。

こうしたことからも、**陰線陽線を決める始値と終値より、高値安値に注目する方が先の値動きを考えるうえでは重要**となるわけです。

図9. 過去からの流れを高値安値で確かめる

ドル円　日足

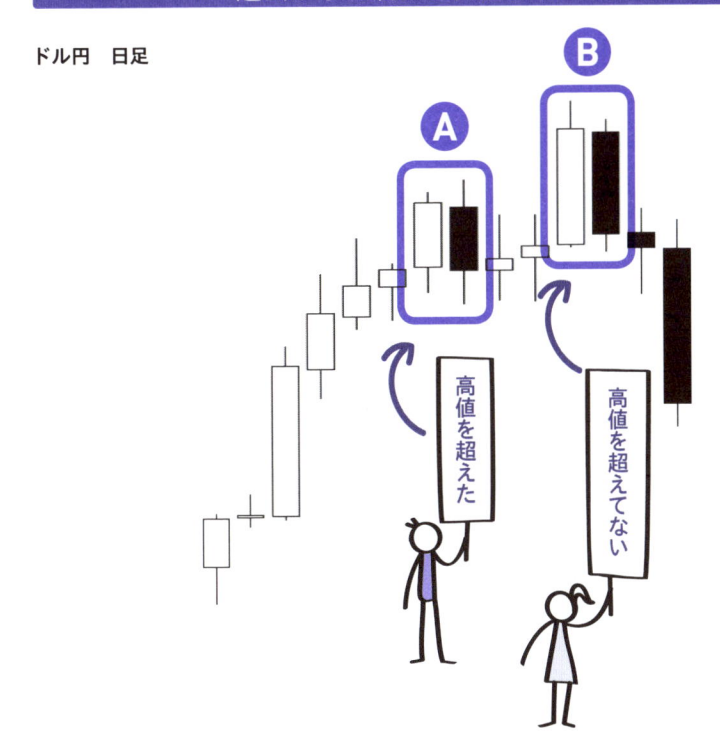

高値と安値は常にチェックする習慣をつける

■ 次にできる足がどんなものかを考えてみる

では、図10からの例に従いながら、具体的にトレーディングではどのように複数本のローソク足で高値や安値をチェックしていくかを見ていきます。

ただ、こうした書籍やブログでチャートの見方を学んでも、現実の動いているチャートでは、実際にはどこから見ればいいかわからない、という人が多くいます。この辺も、テクニカル解説と現実で投資家が迷う部分でしょう。

現実のトレードの際に見るチャートは、過去からずっと連なっています。そこで、過去の動きをある程度示したあと、最新の足を自分が見ているという前提で考えてみましょう。

図10はドル円日足チャートで、2014年8月15日から9月2日までの動きです。8月15日の安値が102.139、始値は102.444でしたが、9月2日には、始値104.340、高値105.199、終値105.061で、102円台から105円台まで約3円ほど上昇してきています。

■ 超えるのが高値か安値かで明日の動きを予想する

ここからは演習です。読者の方は、現在自分がこの2014年9月2日にタイムスリップしたつもりで、1日に1回か2回以上、毎日チェックするように、今後の値動きをどのように考えるかを見ていきましょう。

図10. 高値安値を厳密に確認していく

ドル円　日足　2014年8月〜9月

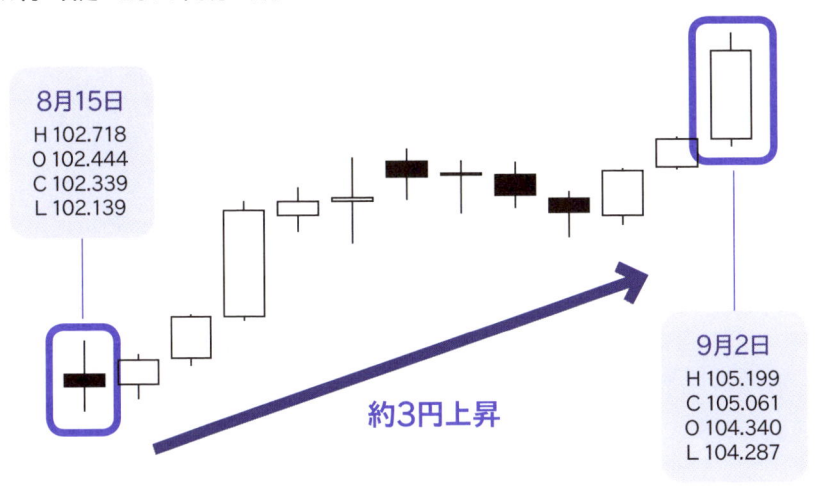

8月15日
H 102.718
O 102.444
C 102.339
L 102.139

約3円上昇

9月2日
H 105.199
C 105.061
O 104.340
L 104.287

　9月2日は陽線なので、陰線陽線だけで判断すると上がりそうな気がしますが、既に約3円上がっていますし、そもそも陰線陽線で判断すべきでないことは前述の通りです。始値終値より、高値安値に注目します（次ページ図11）。

　この9月2日の値動きが確定した時点で、今後の値動きを考えるなら、高値と安値に注目します。つまり、高値105.199を超えるか、安値104.287を割り込むかで、明日（9月3日）以降の動きが推測されます。

▌朝いちでどちらに抜けたのかを確認

　では、翌日の9月3日になり、目を覚ました後は何に注目するかといえば、まず図11で示した前日高値と前日安値を抜けているかどうかです。**上抜けしていれば「今日も上昇が続きそうだ」と考えられますし、下抜けていれば「一旦は下げそうだから様子見しよう」という戦略が考えられます。**

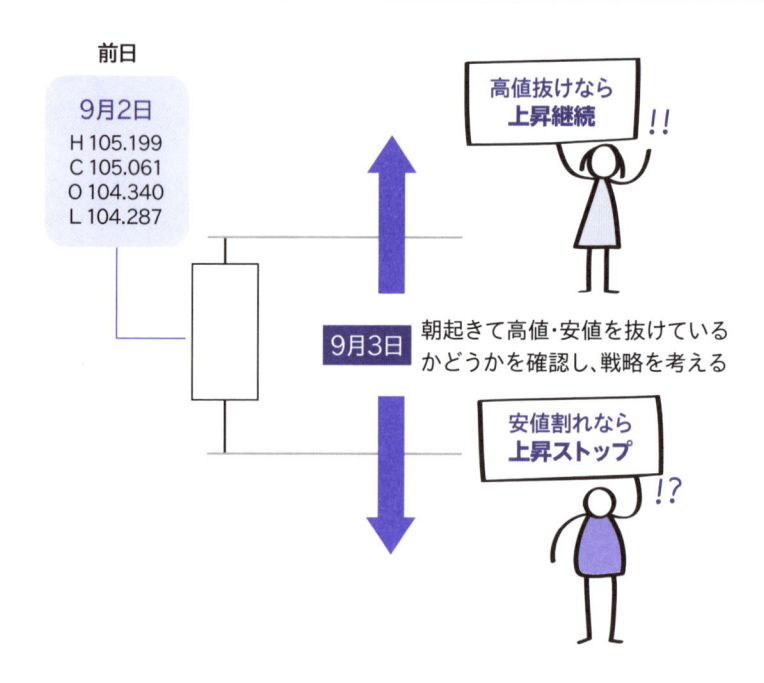

図11. 値動き確認1日目

前日

9月2日
H 105.199
C 105.061
O 104.340
L 104.287

高値抜けなら
上昇継続 !!

9月3日

朝起きて高値・安値を抜けている
かどうかを確認し、戦略を考える

安値割れなら
上昇ストップ !?

▌終値・始値で見えないチャンスが見えてくる

図11の続きが図12です。

9月3日は結局、前日高値をわずかに上抜けましたが、陰線です。
つまりその日は下げて終わったわけです。

このようにグングン上昇している動きではないような場面で、四本値を意識することが大事になってきます。 この2本のローソク足だけを漠然と見ると、もう上値が伸びないようにも考えてしまうかもしれませんが、**四本値を前日と比較すると、高値更新だけでなく、陰線ですが安値も切り上げていて、陰線か陽線かを別にすれば、値動きは上がっています。** そう考えると、この陰線は買いのチャンスかもしれません。

ここでも前述のように値動きに重要なのは、高値安値であって、始

図12. 値動き確認2日目

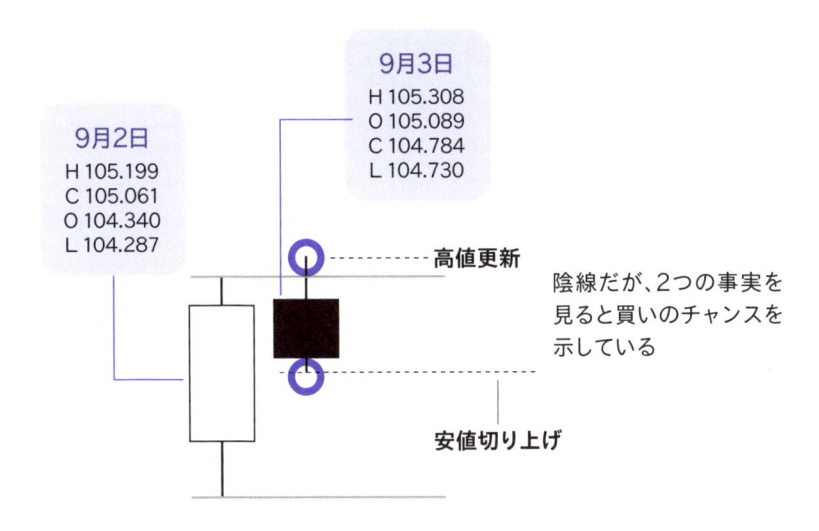

9月3日
H 105.308
O 105.089
C 104.784
L 104.730

9月2日
H 105.199
C 105.061
O 104.340
L 104.287

高値更新

陰線だが、2つの事実を見ると買いのチャンスを示している

安値切り上げ

値終値より優先的に考えるべきことがわかります。

■「わずかでも更新している」ことが相場の事実

　図13を見ると、9月4日になると、さらに高値を更新していきます。
　高値は前日（9月3日）と近いですが、四本値を確認すると、105.360で高値更新。安値も3日が104.730、4日の安値は104.741でわずかですが、安値も切り上げています。
　この「わずかでも高値を更新している」、という「**事実**」がマーケットの動きを考えるうえではとても重要なことなのです。
　為替市場には多様な参加者がいて、巨額の資金が動いています。そうした中でわずかでも高値が更新されたということは、相場が上がろうとしていることを示しています。
　詳細は後章のダウ理論に譲りますが、こうした値動きの事実を細か

図13. 値動き確認3日目

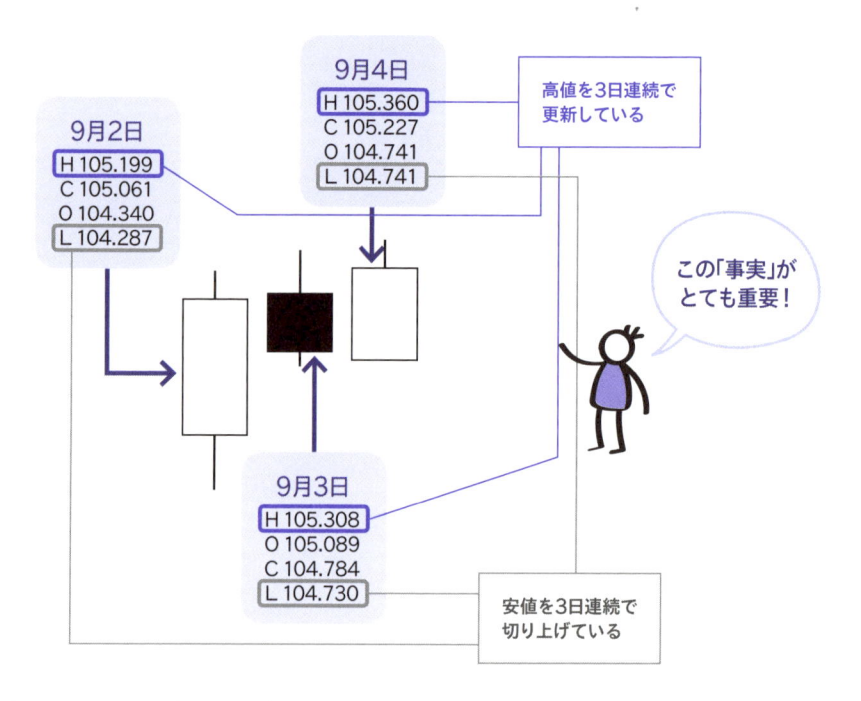

く確かめることが利益に繋がってきます。

　このように値動きを追う、ということは、新たなローソク足が出るたびに、四本値を確認して前足の四本値と比較します。高値が更新されていれば上昇の動きと考えられますし、安値が更新していれば下落の動きと考えられます。

　ということは、これは日足ですから、1日の中で何度かチャートを確認して高値を超えていったか、安値を下抜けたか、を確かめます。1時間足であれば、新たなローソク足が出るので1時間に1回はチャートを確認しなければなりません。

　ということは、ほぼずっとチャートを見続けていることになります。当然1時間足より短い時間軸ではチャートと睨めっこする必要があります。

　余談ですが、ずっとチャート見続けることは専業の人でも大変です

図14. 値動き確認4日目

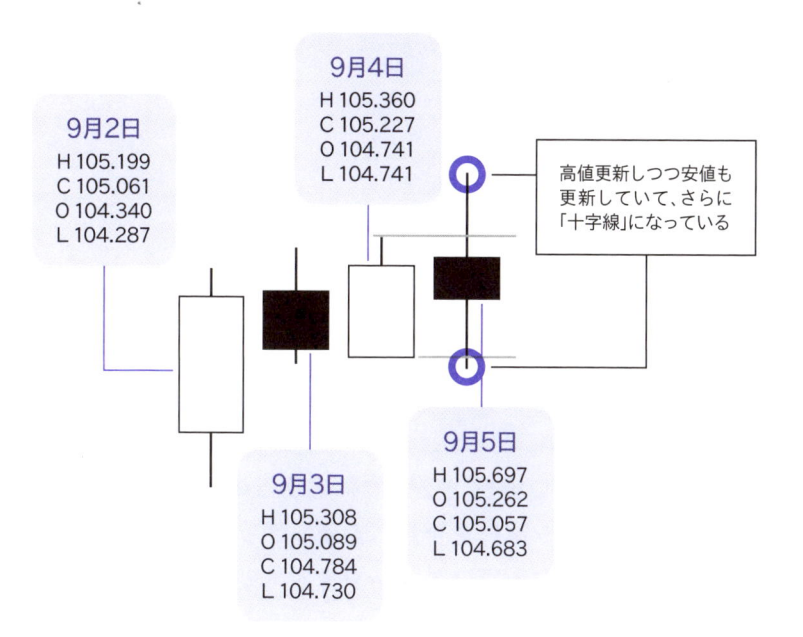

9月2日
H 105.199
C 105.061
O 104.340
L 104.287

9月4日
H 105.360
C 105.227
O 104.741
L 104.741

高値更新しつつ安値も
更新していて、さらに
「十字線」になっている

9月3日
H 105.308
O 105.089
C 104.784
L 104.730

9月5日
H 105.697
O 105.262
C 105.057
L 104.683

し、私もそうはしていません。

　MT4チャートでは予め設定したプライスに到達するとアラートを鳴らしたり、メールを発信させる機能があるので、このような設定をしておくと、チャートをずっと見ていなくても、値動きが前日の高値を上抜けて上昇の動きが続いているとか、前日の安値を下抜けて下落に転じた、ということがわかります。

▍安値・高値どちらも更新は方向感のなさの表れ

　続けて図14を見ると、4本目の9月5日も高値は前日を超えています。9月4日高値は105.360円ですが、9月5日の高値は105.697円で高値更新です。

　しかし安値を見ると、安値も更新しており、これまでになかった値動きになっています。9月4日安値は104.741円ですが、9月5日

安値は104.683円でわずか5.8pipsですが、9月5日安値の方が低くなっています。

値動きの原則は

高値更新＝上昇の動き **安値更新＝下落の動き**

ですから、9月5日は高値更新で上昇の動きを示しつつ、安値も更新して下落の動きも示しています。**ということはこの日のドル円相場は方向感がなくなり、上下どちらに動くかわからなくなっている、ということです。**

こうなると、さらに翌日（正確には週明けの9月8日）の四本値が大きく注目されます。高値を更新し安値を切り上げれば、上昇の動きに回帰します。しかし、高値を更新できず、安値を更新すれば下落の動きに転じる可能性が出てきます。

9月5日のローソク足は、上下にヒゲが出た状態のいわゆる「**十字線**」で、酒田五法でも方向感に迷いが出ているサインとされています。特に、前日の高値も安値も上抜けていたり、逆に前日の高値も安値も超えなければ、どちらにしても方向感が定まらない相場になっていることがわかります。

5本目となる図15では、週末をはさんだ9月8日、ドル円の四本値は、高値更新し安値も切り上げています。結局ドル円は前週の金曜日9月5日に方向感が弱まりましたが、週明けはこれまでの上昇の動きに戻ったわけです。

このように、ローソク足の四本値がどうなるかを確認していくだけでも、移動平均線などのテクニカル指標に頼らなくても相場の動きがわかります。

図15. 値動き確認5日目

ドル円　日足　2014年9月2日〜8日

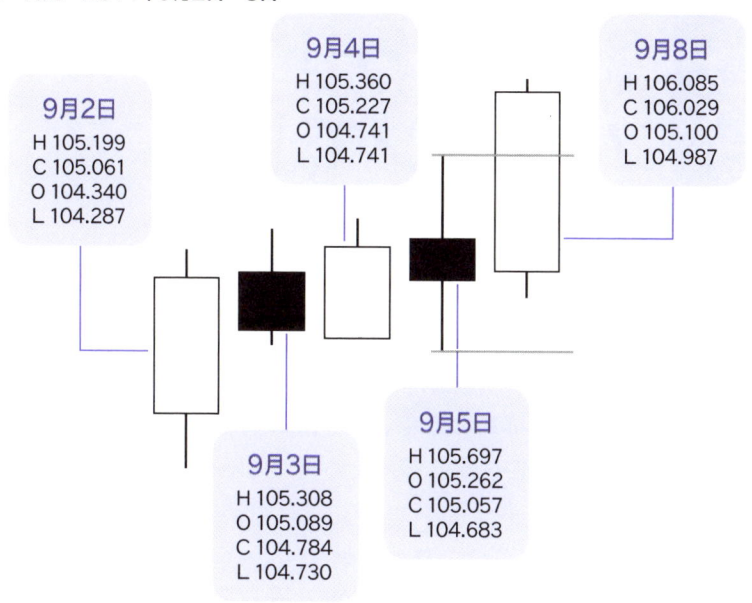

9月2日
H 105.199
C 105.061
O 104.340
L 104.287

9月4日
H 105.360
C 105.227
O 104.741
L 104.741

9月8日
H 106.085
C 106.029
O 105.100
L 104.987

9月3日
H 105.308
O 105.089
C 104.784
L 104.730

9月5日
H 105.697
O 105.262
C 105.057
L 104.683

ここが
重点！

❶朝いちで高値・安値抜けを確認する
❷値動きを追うだけで相場の分析はできる

ローソク足2本を
組み合わせて
パターンで見る

▌2本の組み合わせは4パターン

　ローソク足の陰線陽線より、高値安値を確かめることが値動き分析の基本となることはつかめたでしょうか。**このローソク足2本比較で示されるパターンは全部で4つ**あり、これらのパターンが複数本のローソク足でも値動きを見る基本となります。

　図16に示す**A・B・C・D**がそれで、ここでは全部陽線で示していますが、前述の通り、陰線陽線は関係ありません。組み合わせに関係なく、高値安値と、次の足の高値と安値の関係が重要です。

　Aは、前足に対して、高値更新、安値切り上げ。値動きは上昇の動きを示します。

　Bは、前足に対して、高値更新し、安値も更新。高値を更新して上昇の動きを示しつつも、安値も更新しているので、下落の動きも示し、つまり上下どちらに動くかは次の足がさらに上下のどちらかを抜けないとわかりません。

　Cは、前足に対して、高値を切り下げ、安値を更新。値動きは下落の動きを示しています。

　Dは、前足に対して、高値を更新せず、安値も更新せず。前の足の範囲内で動いていて、前足の高値か安値を更新しないと動きが出ません。

　つまり、**前のローソク足に対して、高値だけ更新していれば上昇の可能性が高くなり（A）、また安値だけ更新していれば下落の可能性**

が高く（C）なります。 このAとCはローソク足の陰線陽線に関係なく、今後の動く方向が示されています。**一方、高値と安値の両方が前のローソク足の高値と安値を超える場合（B）は、値動きが上下に拡大しただけで、動く方向はわかりません。**

　ここで陰線だから下とか、陽線だから上だろうと考えるのは早計で、前述の通り、次のローソク足がAかCのパターンにならないと先の動きは推測できません。そして最後のDのパターンは、前のローソク足の高値も超えず安値も超えないので、結局は前のローソク足の高値と安値の間で推移していることになります。ということはこの2本目の足に意味はなく、前のローソク足の高値か安値をAかCのパターンで超えるのを待たなくてはなりません。レンジがこの動きです。

　気がついた人もいるかもしれませんが、**Aが上昇トレンドの第一歩、Cが下落トレンドの第一歩です。** そして**BとDはレンジで**、Bは2本目の足の高値と安値の間でレンジとなり、Dは1本目の足の高値と安値の間でレンジとなります。

図16. 2本の組み合わせの4パターン

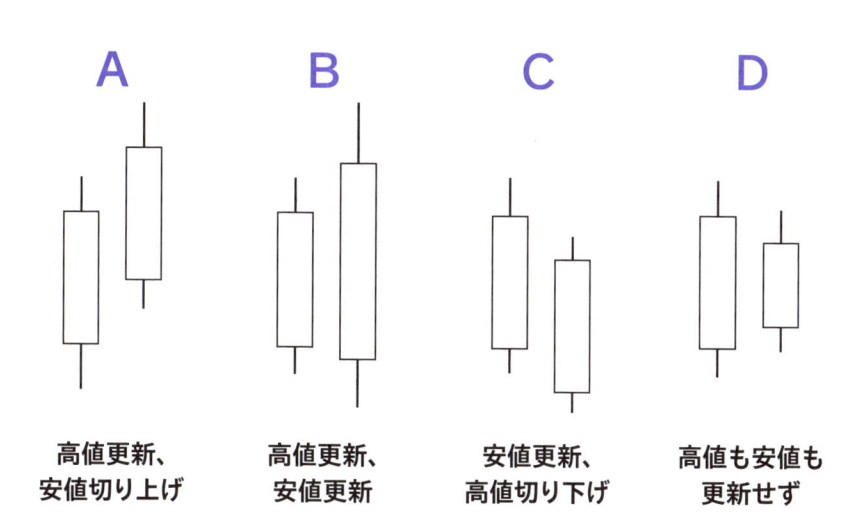

A	B	C	D
高値更新、安値切り上げ	高値更新、安値更新	安値更新、高値切り下げ	高値も安値も更新せず

相場の節目となる高値安値を見つける

▎レンジの上限・下限はチャンスになる

　ここまでは、比較的単純なローソク足の動きを例に、四本値をしっかりチェックすることの大切さを解説しました。ローソク足が2本以上になると値動きから今後の動きが予想しやすくなったり、トレンドとレンジがわかるようになります。

　ここからは、相場の流れの中の高値安値に注目することを考えます。これはローソク足の高値安値を四本値でチェックすることの次の段階で、ローソク足数本を束で考えることになります。こうすると、**相場の流れの中の節目となる高値安値がわかるようになります。**

　相場の流れの中では、同じ付近の高値で上昇が止まっていたり、同じ付近の安値で下落が止まっているというような場合があります。こうした場面では、そこがレンジの上限や下限と考えることができます。オプションがあるとか、実需の注文があるとか、ファンダメンタルズや相場情報でいろいろいわれるのもこうした場面です。

　ただ厳密には同じ価格になることはなく、数pipsや数十pipsぐらいの違いがあります。この幅は時間軸で違います。長い時間軸なら幅も広く、短い時間軸ならわずかな違いになります。そしてこのような場所は戦略上のチャンスになりやすいので、普段からローソク足チャートを読み取る習慣が大切になってきます。

　こうした動きも基礎知識として知っておくと、エコノミストや著名人などが発する根拠不明の情報に惑わされず、純粋に相場の事実である値動きに従って取引戦略を立てることができるようになります。こ

図17. 3つの高値はどこにある？

自分で探して
みましょう!

こがチャート分析やトレード技術習得の重要なところです。

▌高値を自分で見つけてみる

まずは図17を見てください。チャートは徐々に上昇していますが、この中で**高値は3つ**しかありません。ローソク足が並ぶ中で高値となるのは、前後のローソク足の高値より高いものです。現実のマーケットは、前項の事例のように、すべてのローソク足が前足を上抜けて高値を更新して上昇していく、という場面ばかりではありません。

では、実際に図17の中から自分でこの3つの高値を探してみてください。

図17に高値が3つしかないということは、**高値をつけた後の足が前足の高値を超えていない場面がある、**ということです。

現実の取引では、39ページのMT4の例で解説したように正確にそれぞれの四本値を調べて、キッチリ高値や安値を把握して比較検討す

図18. 図17のチャートに番号を振ったもの

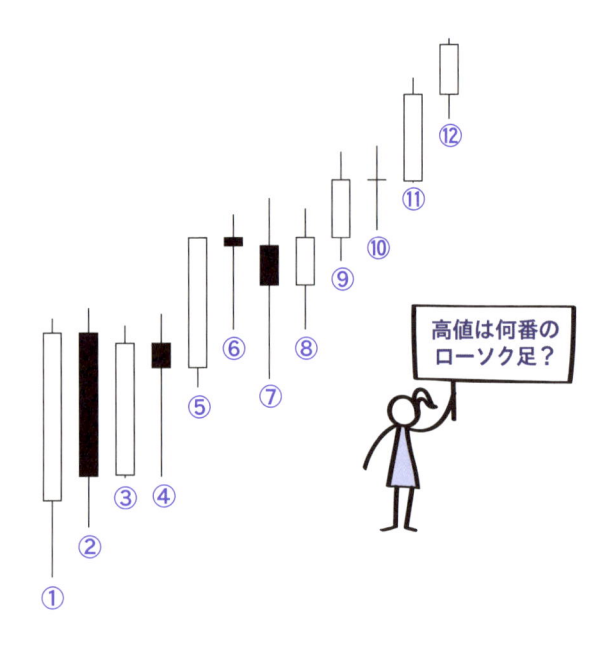

べきです。ただ、ここでは大きな流れの中の高値や安値を見つけるということを知ってほしいので、四本値は表示せず簡略化して説明しています。

　ここからはわかりやすく、このローソク足（12本）に番号をつけておきましょう（図18）。

　このチャートを見ると、これまでいくつかの事例で解説したように、パッと見では上昇していますが、上昇過程には陽線ばかりではなく陰線も出現しています。しかし相場全体は上昇していて、値動きを細かく確認していくことが重要であることがわかると思います。

▌ 過去から流れを追っていく

　では、答え合わせをしてみましょう。先ほどの問題である、相場の流れの中にある3つの高値は、A、B、Cで示した、②足、⑦足、⑫

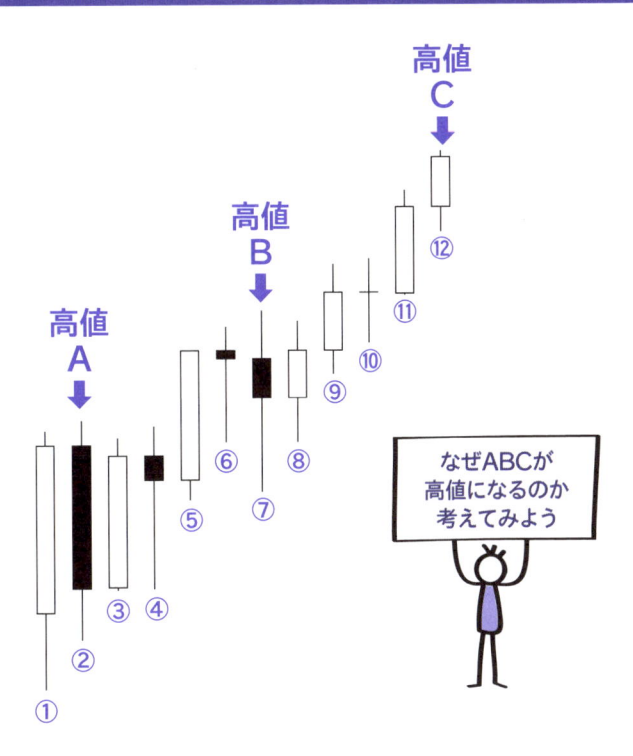

図19. **3つの高値の正解**

足の3つのローソク足の高値がこの一連の上昇トレンドの中にある節目となる高値です（図19）。

　図19を見ながら、左側、つまり過去から見ていくと、①足からスタートして、**②足は高値を更新し安値を切り上げています。そして③足は②足の高値を更新していません。この時点で②足が最初の高値となります。**

　③足は②足の高値と安値の間で推移しています。つまり前項で説明した前足の範囲内での動きだったDと同じです（53ページ参照）。

　④足は③足の高値を更新して上昇しますが、②足の高値を超えていません。このため④足の時点でも依然として②足が高値となります。

　そして⑤足がAの高値を上抜けします。では⑤足が2つ目の高値か

図20. 先ほどの高値に罫線を引いたもの

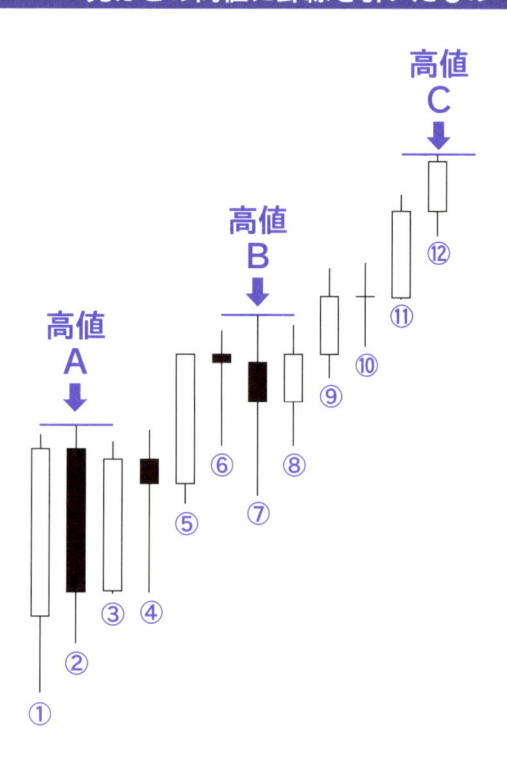

というと、⑥足が⑤足の高値を超えます。つまり⑤足と⑥足は一体として上昇する動きなので、⑤足は⑥足が⑤足の高値を更新した時点でこの12本トレンド中の2番目の高値とはなり得ません。**そしてさらに⑦足は⑥足の高値を更新し⑤足から⑦足まで上昇が続きます。しかし⑧足の高値は⑦足を超えていません。**この時点で、⑦足の高値がトレンド中の2つ目の高値Bとして確定します。

　Bの高値は⑨足が高値更新して一時的に3つ目の高値となります。ただここでも次の⑩足は⑨足の高値を超える動きとなり、⑨足は3つ目の高値になりません。**この高値更新の動きがその後⑫足まで続き、このチャートでは⑫足が最後なので、Cが3つ目の高値となります。**

▍高値安値の把握でダウ理論が理解しやすくなる

この動きを上昇トレンド中の高値の位置に罫線を引いて示すと、図20のようになります。このように数本のローソク足に高値安値で罫線や目印をチャートに引くと、相場の転換点や押し目、損切りなどが見つけやすくなります。

実際の相場の動きを値動きで考えるときには、このように、今の高値（または安値）がどこなのかを正確につかむことです。直近のローソク足がCのように直近の高値なのか、BやAの次の足の段階のように高値が現在のローソク足より過去にあるのか、を四本値を比較して見定めることがとても重要です。

また数値を比較したとき、仮に0.1pipsでも高値を超えたり安値を割ったりしていれば、その差はわずかでも、値動き分析としては意味のある0.1pipsです。時には、この0.1pipsの差で相場の流れが変わり始めることがあるからです。

このように、相場の流れの中の高値安値がどこかがわかると、損切りや逆指値注文を置いた取引がしやすくなります。

この辺のことは、後章のダウ理論でも説明しますが、この項目を理解していないと理解しにくくなるので、第1章の17ページで紹介したFX技術習得のピラミッドを思い出して、この部分をしっかり自分の中に取り込んでいきましょう。

ここが重点！

❶高値は前後のローソク足よりも高いものだけ
❷高値安値がわかると損切りや逆指値注文を置く目安になる

ローソク足を束で見ると長い時間軸も同時に確認できる

■ 相場はトレーダーの都合では動かない

　前項では、12本のローソク足を例にし、この中に高値は3つしかないとお伝えしました。チャートを見るうえではこのような流れの中

図21. 4本を一束で考えてみる

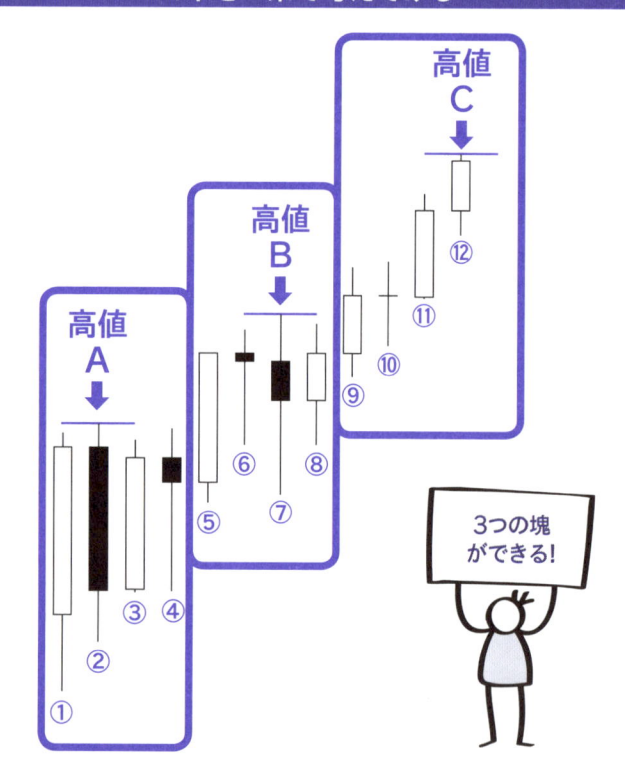

高値
A
↓
① ② ③ ④ ⑤

高値
B
↓
⑥ ⑦ ⑧ ⑨

高値
C
↓
⑩ ⑪ ⑫

3つの塊
ができる!

図22. 高値安値を意識すると、同時に長い時間軸も確認できる

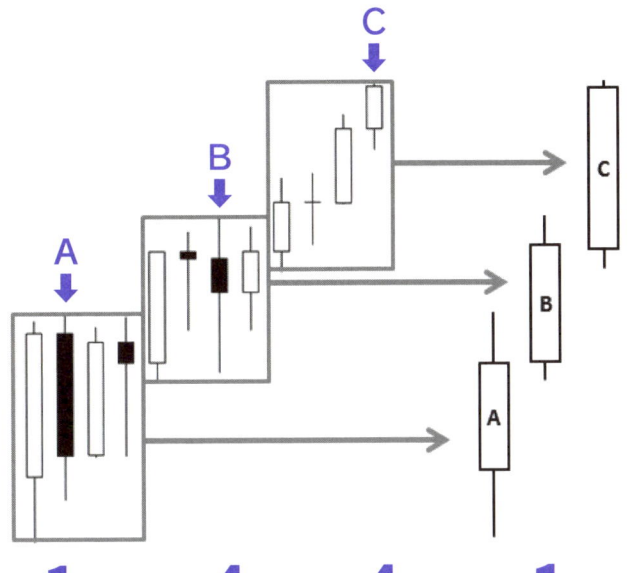

1時間足4本 = 4時間足1本

にある高値（または安値）がとても大事です。高値や安値に注目して、こうした流れの中の高値や安値を見つけられると、時間軸も自在にコントロールできます。

　まず確認しておきたいのは、**ローソク足やチャートの時間軸は、便宜的なものであって、その時間を意識して相場が動いているものではない**、ということです。

　トレーダー側の視点でチャートを見ると、自分に都合がいいように時間軸を切り替えますが、それは自分の都合であって相場の動きがその時間軸で動いているわけではない、ということを意識してください。

▌1時間足を4本束ねると4時間足

　ではこうした点を意識して図21を見てください。これは先ほどの図20と同じチャートです。この中の高値はA、B、Cの3つである

ことは57ページで確認しました。

そしてよく見ると、今回は偶然ですがそれぞれを4本ずつに束ねることができます。

先ほどの図20が仮に1時間足チャートなら、4本ずつ束ねるということは、この束の1つが4時間足ということになります。そこで、A、B、Cの束をそれぞれ最初の1本目の始値、4本の中の高値と安値、最後の4本目の終値でまとめると、図22のような3本の4時間足のローソク足にすることができます。

▎流れをつかむと目先の値動きに惑わされなくなる

このように1時間足4本を1本のローソク足にまとめると、4時間足では陽線が3本続いて、いずれも高値を更新して上昇していることがわかります。

この例は仮に元のローソク足が1時間足、たまたま4本ごとに高値がありましたし、4時間足として考えるわかりやすい例だったため、このように説明しましたが、元となるローソク足が日足かもしれませんし、元が4時間足ということもあるでしょう。

いずれにせよ、流れの中の高値をチェックするということは、より大きな時間軸の流れを意識することになるわけです。**つまり、流れの中の高値安値も意識すると、より長い時間軸の方向感や動きも見ていることになります。**これはトレーディングをするうえではとても重要なことです。

❶ローソク足を束ねると**上位足**になる
❷大きな足で理解すると、一時的な値動きが気にならなくなる

PART

相場の勝ち組に乗る
チャートの読み方

値動きの仕組みがわかると、相場が転換するポイントも自然に理解できるようになります。また、勝ち組投資家たちももちろんこの仕組みを理解しており、それを自分のトレードに利用しています。この章では、実際のチャートを見ながら、その理由を解説していきます。

第3章では こんなことを 解説します

▌多数派を見つけるためにチャートを使う

第2章ではチャート分析の最も基本となる「**四本値**」を確認し、次の足で高値または安値を更新するかを見る習慣をつけること。つまり「**事実としての値動きがどうなっているかを確認することの重要性**」をローソク足2本で図解しました。

値動きを確認したうえでやることは「相場の勝ち組（多数派）に乗る」ということです。相場の多数派に便乗するためには、多数派が売りなのか、買いなのかを見極めなくてはなりません。相場には売り手と買い手しか存在しません。このどちらが多数になるか、どちらが相場を動かす力を持っているかを見極める道具がチャートです。

▌レンジとトレンドを判断するために価格を確認する

移動平均線や一目均衡表、ＲＳＩやＭＡＣＤなどさまざまなテクニカル指標がありますが、これらより重要なチャートの基本、値動きのメカニズムを知らない人が多くいます。トレンドが出ているときは何を使っても上手くいきますが、基本を知らないと、レンジ相場で間違えやすく損失を広げます。損失が増えれば収益は減るのが当たり前で、利益追求と同じくらい損失抑制は重要なのです。

参加してはいけない相場、つまりレンジ相場を正しく見極められないと、無駄な取引をして消耗してしまいます。

第3章で解説していくこと

●相場で結果を出している人たち（勝ち組）のエントリーポイントには共通点があります。

→**それは多数派についていくことです。**

●多数派が向かう方向はどうやって見つける？

→**高値または安値を更新した方向を確認します。**

●なんで高値または安値の更新＝多数派が向かう方向なの？

→**レンジは、売り手と買い手が勢力争いしている領域です。ここを抜けるということはどちらかの勢力が勝ったわけで、レンジを抜けた方向のポジションが多数派であることがわかります。**

●取引するときはどうすればいい？

→**レンジブレイクしたという事実を価格で確認してエントリーします。レンジの上限・下限はあらかじめわかっているので、レンジの上限・下限から少し離れたところにあらかじめ逆指値で注文を置いておきます。成行で慌てて飛び乗ったりしません。**

●ポジションを持った後はどうすればいい？

→**ブレイクする前にレンジの反対方向に損切り注文を置いているはずなので、あとは高値または安値を更新し続けるのか、値動きを追っていきます。**

　第3章ではレンジとトレンドの判断ができるようになるために、実際のチャートを例に、より実践に近い形で解説していきます。

FXで稼ぐコツは
勝ち組が乗る相場に
参加すること

▌勝ち組の取引ポイントは被る場合が多い

　第1章のＦＸ技術習得のピラミッド（17ページ）に示したように、土台があるからこそ上の部分を学んだり、取引技術を身につけることができます。基礎がないまま目先のテクニックに走っても上手くはいきません。ところが、このピラミッドの存在を知らないために、ＦＸから消えていく人は毎年大勢います。

　ＦＸで儲けている、いわゆる「勝ち組」は、それぞれが使うテクニカル指標が違っても、時間軸が同じなら基本的には同じことをしています。似たような通貨ペアを選択し、ほぼ同じタイミングで、同一方向に取引しています。私自身もＳＮＳを見ていると、友人が同じような取引をしていることが目に入ってきたりします。要するに、**時間軸が同じなら儲けられる場面は同じで、勝ち組は同じところで取引している**のです。

▌方向がバラバラなときは取引を避けた方がよい

　もしあなたのＦＸ歴が短く、周りに安定的に収益を得ている友人が少ないなら、有料メルマガやツイッターなどを細かく読み込んでみてはどうでしょうか。数カ月程度の期間、複数の有料メルマガを購読するだけでも、おそらく多くの人が同じような取引をしていることを見つけられると思います。ただし、何人かの書き込みで方向がバラバラなときはトレンドの序盤や終盤で相場が迷っているときです。勝ち組さえもそれぞれが同じことをしていないということは、まだ方向が定

図1.勝ち組が手を出す相場の例

ユーロドル　2017年12月〜2018年7月

勝ち組は共通して
こうした大きなト
レンドを取る

まっていないので、手を出す相場ではないということになります。

■ 情報を理解するには受け取る側のスキルも重要

　無料の情報源ならツイッターをお勧めします。ただ、どんな人をフォローするかが重要です。また売り買いだけでなく、書かれている内容を理解できないと比較分析できません。

　また、メルマガでもツイッターでも、書き手がどの時間軸で取引しているのかがわからないと何の参考にもなりません。私も有料メルマガの執筆をお手伝いしていますが、時には書き手の時間軸を理解せず、自分の都合でしか読まない人を見かけるので、読み手側のスキルも必要だということは特にお伝えしておきます。

　つまりたとえ有料の情報であっても受け取る側にピラミッドのベースとなる知識が必要だということです。

誰でも儲けられる相場を見極めて勝ち組に乗る

▌勝つ人は「結果として」同じ取引になる

　勝ち組といわれるトレーダーは、なぜ同じような取引をしているのでしょうか。

　株なら仕手とか、情報共有で同じ銘柄を買うということもあるかもしれませんが、ＦＸではそれはあり得ません。なぜなら、為替市場は株式市場のような小さな市場ではないので、トレーダーが集まったぐらいの資金では相場を動かすことができないからです。これは日銀が介入しても円高を止められなかったことを考えれば、すぐに理解できると思います。

　為替市場という世界最大の金融市場を舞台にするのがＦＸ取引です。このＦＸで利益を得ようと思えば、相場の多数派の動きに従わなければなりません。その理由は主に２つです。

> ❶トレンドに逆らって逆張りしても
> 　一時的に小さな利益しか得られない
> ❷デリバティブ取引であるＦＸで逆張りして
> 　含み損のまま抱え込むのは、
> 　資金管理として不適切

　このため同じ時間軸なら、儲けを得る方向やタイミングは同じにならざるを得ません。そのうえ、相場の流れに乗れば簡単に利益を得る

図2.1000ポイント幅の動きがあった相場

ユーロドル　日足　2017年12月〜2018年7月

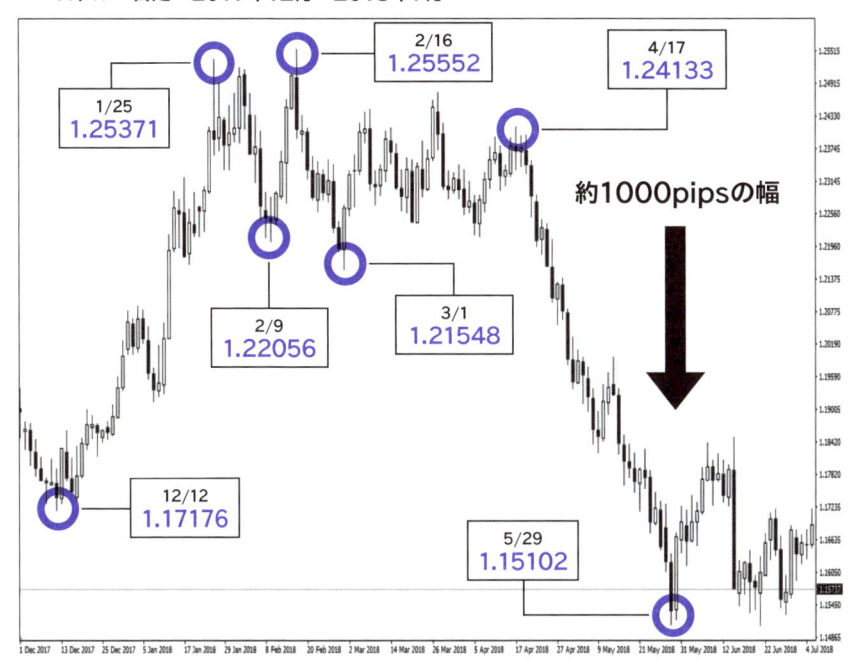

ことができます。トレーダーが個々に使うテクニカル指標が違っても、相場の流れ、相場の値動きに従えば、ほぼ同じタイミングと方向にならざるを得ないのです。だから勝ち組は「結果として」みんな同じ取引をしています。

▎どのテクニカル指標も売りサインを示した相場

　現実の値動きの具体例を見てみましょう。

　図2はユーロドル日足のローソク足チャートで、2017年12月1日から2018年7月5日の動きです。テクニカル指標を表示させていないローソク足だけの「素」のチャートです。

　この図表には出ていませんが、ユーロドルは約1年前の2016年12月20日の1.03520を底に上昇の動きが続いてきています。その

上昇の流れが続く中で図2では、2017年12月12日の1.17176から2018年には1.25台に上昇してきています。ところが、1月後半になると1.25台で上値が重くなり、上は1.25ミドル（※ここでは1.255前後を指す）付近、下は1.21ミドルか1.22付近で値動きが膠着して約400ポイント幅のレンジが4月まで続きました。

　4月ぐらいからユーロドルは崩れて、1.25台から1.15台へ約1000pips下げる大相場になります。このとき、ユーロドルを売っていると、売り相場で儲けることができ、実際にさまざまなテクニカル指標が売りサインを示しました。

　当時、私も西原メルマガで4月26日の午前7時に次のような配信をしています。

> 投稿時間：２０１８-04-26 07:03:51
> ニックネーム：田向宏行
> ＥＵＲＵＳＤの1.21548
> ドルが動き出しています。
> ＥＵＲＵＳＤは、3/7の配信でご案内した、上は1.25552（2/16）、下は1.21548（3/1）のレンジの下限に接近しています。3/1以降の約2カ月間、500ポイント幅のレンジでしたが、ドル買いの動きの中、ＥＵＲＵＳＤも動き出す可能性が出てきています。
> レンジの下限（1.21548）を下抜けると、1.20割れに動く可能性が高まります。

　ということで、1.21548を割り込むと下げるという配信をするとともに、私自身もここで売り注文を仕掛けました。

　先ほどの図2と同じチャートに、ボリンジャーバンドを描画したものが図3です。中心の移動平均線は21ＳＭＡです。

　ここでは、2月ごろからボリンジャーバンドがずっと平行でレンジ内で動いていることを示しつつ、○で囲んだ4月25日から27日あたりで、ボリンジャーバンドのマイナス2シグマ（－2σ）を割り込

図3.ボリンジャーバンドを使った売り場

ユーロドル　日足　2017年12月〜2018年7月

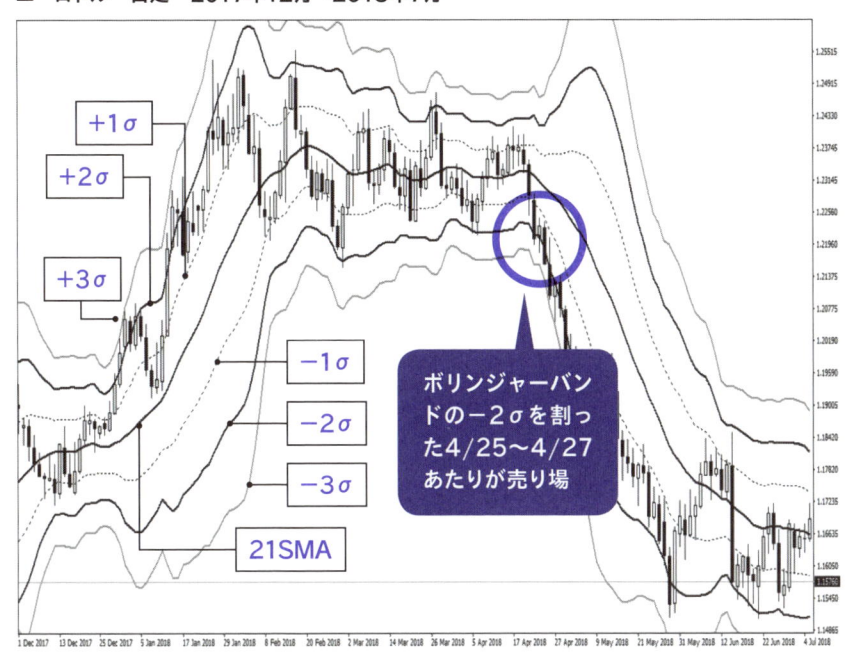

んで下げ始め、1.22から1.21ミドルごろが売りの場面となります。私のメルマガ配信が4月26日ですから、ほぼ同じタイミングです。

┃ ボリンジャーバンド以外も売りサインだった

　次の図4は図2に単純移動平均線（SMA）を3本表示したものです。パラメーターはそれぞれ21SMA、75SMA、200SMAと、日足で使われやすい期間の移動平均線です。

　この単純移動平均線では、21SMAと75SMAがデットクロスして日足が下抜けた4月23日付近か、200SMAを下抜けた5月2日から4日ぐらいが売りチャンスでしょう。

　4月23日ということは、先ほどのボリンジャーバンドと2日しか違わず、日足チャートなのでローソク足2本しかタイミングにズレが

ユーロドル　日足　2017年12月〜2018年7月

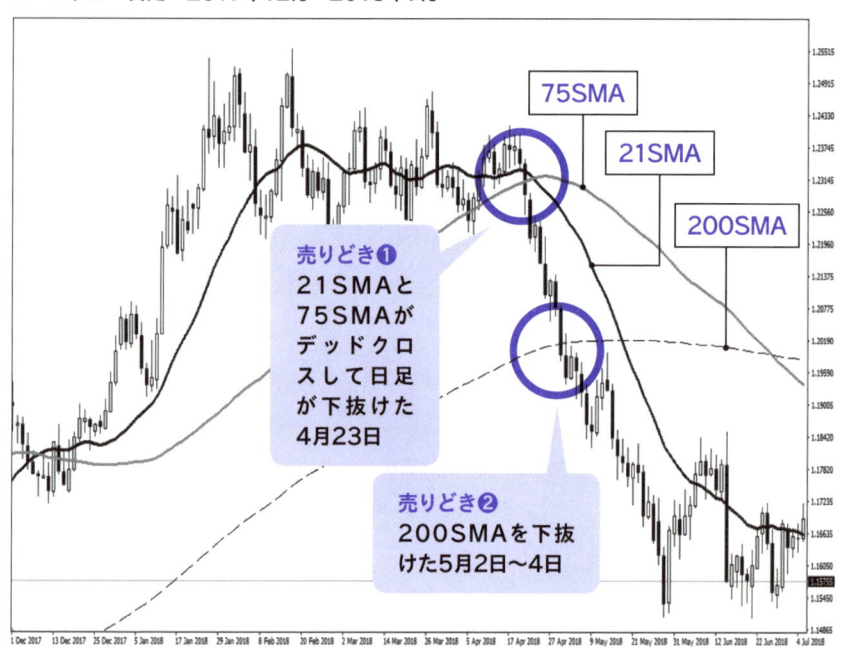

ないことになります。

　ただ、ボリンジャーバンドの中心線は単純移動平均線であり、その
パラメーターも21なので、似ているのは当然と思う方もいるでしょ
うから、もうひとつ、私が西原メルマガで解説を担当しているディナ
ポリ日足チャートも見てみます。

　図5は日足チャートにずらした移動平均線（DMA）という少し特
殊な3本の移動平均線を表示させています。このDMAを下抜けたと
ころが売りタイミングになりますから、このチャートでいえば4月
23日ぐらいから売ることができます。

　さらに下に表示されているディナポリ設定のMACDを見てみて
も、2本のEMAが4月23日にクロスして売りタイミングであった
ことが示されています。

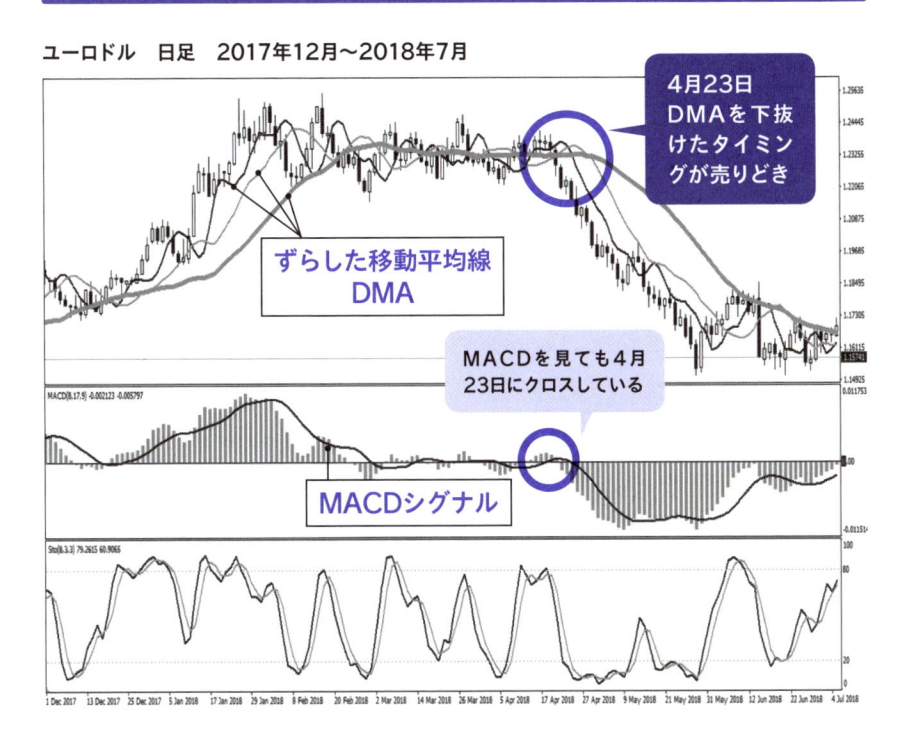

図5.ディナポリチャートで見る売りどき

ユーロドル　日足　2017年12月〜2018年7月

4月23日
DMAを下抜
けたタイミン
グが売りどき

ずらした移動平均線
DMA

MACDを見ても4月
23日にクロスしている

MACDシグナル

▍儲かる相場は同じ方向、タイミングになる

　このように、ボリンジャーバンド・単純移動平均線・ディナポリと３つのテクニカル指標を例に出しましたが、これらはほぼ同じタイミングで売りサインが出ています。そして値動きは４月下旬に売りサインが出た1.21付近から５月末の1.15、そして８月には1.13へ下げていく大相場になります。前述のように、勝ち組の人はこの事例のように違うテクニカル指標を使っていても、ほぼ同じタイミングで同じ方向にポジションを持つから、同じように儲けられるのです。

　ここに例として出した３つのテクニカル指標がほぼ同じタイミングで売りを示す理由は、これらのテクニカル指標の元データである「値動き」が下げているからです。

■ＦＸで利益を得るには勝ち組が参加する相場に便乗する

　図6も同じユーロドル日足です。これを見ると、4月23日に2月9日安値を下抜けます。また4月26日には3月1日安値も下抜けます。すべてのテクニカル指標の元データである「値動き」が、2月からのレンジの下限として考えられる、この2つの安値を4月23日から26日にかけて下抜ける値動きになりました。

　このため、どのテクニカル指標を使っている人でも、同じ日足でユーロドルを見ていれば、「売り」を選択して1.21台から1.15や1.13への下落の動きに乗ることができるので、勝ち組はみんな同じことをするのです。

　つまり**値動きが誰でも儲けられる動き（相場の流れ）になっているときに取引することが勝ち馬に乗ること**になります。これを知っている人がＦＸで生き残って利益を積み上げ、知らない人は無駄な取引をして資金を減らします。ＦＸで利益を得られるかどうかは、こうした儲かる相場を値動きやテクニカル指標を使って見つけられるかで決まってきます。

　ちなみに、私がメルマガで下落の可能性を配信したのが4月26日なのは、この3月1日安値をその日に下抜けそうで、ここを下抜けると大きく下げると考えていたからです。また、2月9日安値の下抜けではなく、少し待っているところが私の慎重な性格を反映していて、より確実性の高いタイミングを待っていたわけです。

図6.「値動き」で見た場合の売りどき

ユーロドル　日足　2017年12月〜2018年7月

値動きから見ても4月23日〜26日にかけて下抜けるタイミングが売りどき

2/9
1.22056

3/1
1.21548

値動きはすべての
テクニカル指標の
元になる!

ここが
重点!

❶あるテクニカル指標で勝ちやすい相場は他の
テクニカル指標でも**勝ちやすい**ことが多い

❷勝ちやすい相場が重なるのは
元データの「**値動き**」が同じだから

❸値動きに注目すると
儲かる相場を見つけることができる

安易な逆張りは多数派の絶好のエントリーポイント

▌逆張りを勧める相場格言は正しいのか？

　ここでテクニカル指標の元になる値動きの話に進みたいところなのですが、先にＦＸで上手くいかない人が陥る落とし穴に触れておきます。

　ＦＸに下剋上や一発逆転はありません。

　昔からある相場格言に、「**人の行く　裏に道あり　花の山**」というものがあります。多数派の行く道ではなく少数派が進む裏道によいことがある、という教えを説いています。つまり多数派＝順張りではなく、少数派＝逆張りがいい思いをできる、というものです。しかし、実際の相場はどうでしょうか。

　図７は、この格言の通りに取引しようとした人が、先ほどの図２チャートの後半部分、ユーロドルの大きな下落トレンドの場面でどうなったかを考えるために出しています。

　このチャートでは４月から５月の下落の動きが「人の行く道」、つまり多数派の動きで、彼らはユーロドルを売っています。これは値動きから一目瞭然です。

　一方、こうした下落の動きの中でも、陰線ばかりが続くわけではなく、陰線が続けば陽線も出ます。この陽線は下げる動きの中で利確の動きもありますが、買う人もいるので陽線が出ます。これは多数派が売っている中で「裏に道あり」と思って新規で買ったポジションもあるだろう、ということです。

図7.大きな流れの中では少数派は獲物になる

ユーロドル　日足　2018年3月〜7月

4/17
1.24133

時折、大きな流れに対して逆張りし買う動きがあるが、これは多数派にとって絶好の売り場になる

多数派の
動き

5/29
1.15102

　そしてその買いポジションで少し相場が上がったのを待って、売り手が一気に売り浴びせて再び相場を下げます。売り手にとっては少しでも上から売った方が利幅が増えるので、このような**「人の裏を行く」逆張りで買い向かってくれる少数派は、鴨がネギを背負っているようなもの**です。

▌逆張りポジションは多数派に狩られる

　買い手の中には下げても損切りせずに持ちこたえようとする人もいるでしょう。図7では7月5日までの動きなので1.15ぐらいで一旦下げ止まりますが、実際は2018年8月には1.13まで下げています。つまり、ユーロドルは下げ続けているわけで、ウラ狙いや、一発逆転で買いを仕込んだ人のポジションは、みんな狩られてしまっています。

私もこうした逆張りで大失敗した経験があるので、多数派に従う「虹色チャート」（興味のある方はブログを参照して下さい）を考案しましたし、いまも勝ち組の動きであるトレンドを重視します。

▌ リスク管理した逆張りはリターンが小さくなる

　実は先ほどの相場格言はＦＸ取引が始まるよりずっと前、株の現物取引で使われ始めたものです。現物取引では逆張り戦略が使える余地があったとしても、**ＦＸのようなデリバティブ取引で逆張りするのは資金管理上とても危険**です。

　また資金管理の面からレバレッジを下げて逆張りするとなると、今度はリターンが小さくなり、投資資金の効率が悪くなります。ＦＸという金融商品の特性を考えれば、多数派に従い、相場の動きに沿って、流れに乗って、利益を得るのが一番「楽」なのです。だから勝ち組はみんな同じことをしています。

　こうした背景や事情を考えず相場格言を頼りにする人は、現物とデリバティブの区別がついていない人かもしれません。または、誰かが言った一言に賭けてしまうギャンブルをする人なのでしょう。これでは勝ち組になれるはずがありません。

▌ 格言には続きがあった

　ちなみに、先の相場格言には下の句があり、「**いずれを行くも　散らぬ間に行け**」と続きます。つまり、順張りでも逆張りでもタイミングが大事、と言っているわけです。ということは、格言からも逆張りで放置、損切りできない、というような戦略は結局この下の句にも合いません。表面的な情報、ここでは上の句だけを見て、基礎となる部分を知らないと金融市場ではカモになってしまいます。

　勝ち組がやっている相場取引の王道は、ローソク足の値動きを理解するチャート分析にあります。そのうえで、自分が使いやすいと思う

図8.多数派と逆張り派の考え方の違い

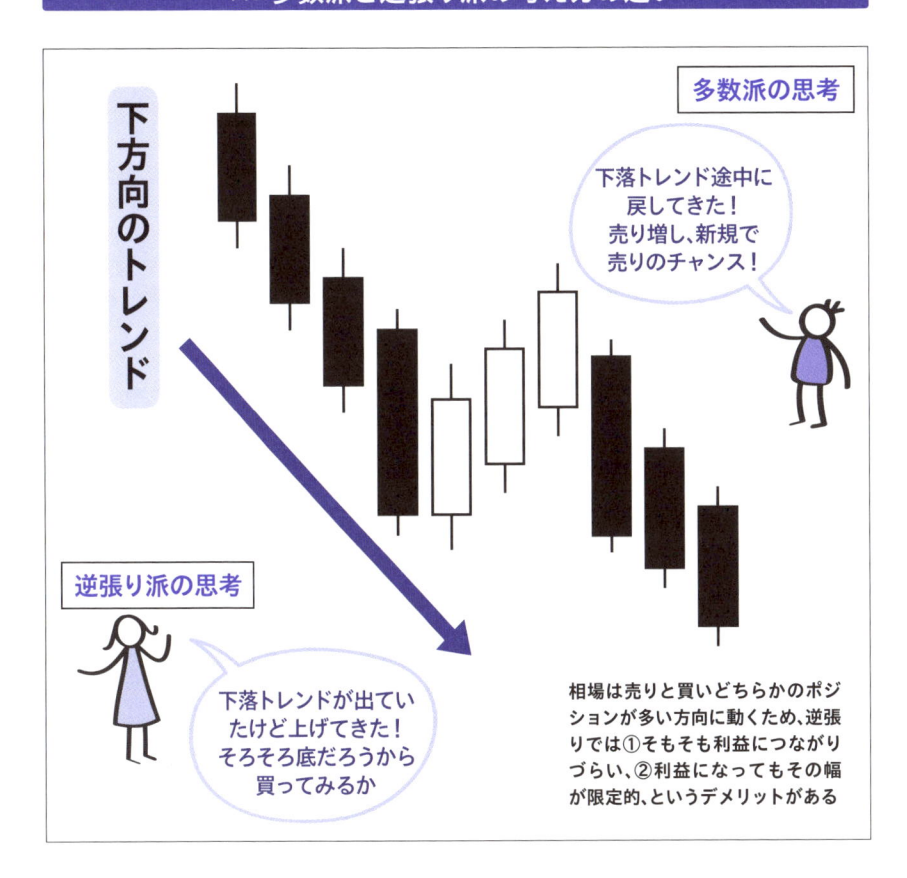

多数派の思考

下方向のトレンド

下落トレンド途中に戻してきた！
売り増し、新規で売りのチャンス！

逆張り派の思考

下落トレンドが出ていたけど上げてきた！
そろそろ底だろうから買ってみるか

相場は売りと買いどちらかのポジションが多い方向に動くため、逆張りでは①そもそも利益につながりづらい、②利益になってもその幅が限定的、というデメリットがある

テクニカル指標を加えるなどして、自分の取引データを収集しつつ、取引効率を高めるのがすべてのトレーダーの課題なのだと思います。

ここが重点！

❶トレンドが出ている中での逆張りは利益につながりづらい

❷逆張りは利益の幅も小さくなる

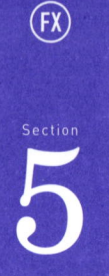

相場は
多数派が向かう
方向に動く

▎相場が動く理由はとても単純

テクニカルを使う勝ち組は、為替相場が動くメカニズムを知っています。

複雑そうに見える物事も、できるだけ単純化・簡素化していくと本質が見えるものです。それは複雑そうな金融市場でも同じです。

> **相場が動く理由は単純で**
> ● **価格が上がる理由＝買いが多い**
> ● **価格が下がる理由＝売りが多い**　　　これだけです。

売り手より買い手が多ければ、価格は上がります。これに異を唱える人はいません。そして買い手より売り手が多ければ価格は下がります。そして、この買い手には売りポジションの損切りなどの「**売り手の決済による買い**」も含みますし、逆に売り手には、「**買いポジションの決済つまり反対売買の売り**」も含まれています。ただ、これらの決済（反対売買）もどの程度の量が出ているかはわかりません。これらを含めて**売り手と買い手のどちらが優勢かを判断するのがＦＸチャート分析**なのです。

▎値動きの事実についていく

相場が動く理由は何でも構いません。ファンダメンタルズかもしれ

図9.価格が動く理由はとてもシンプル

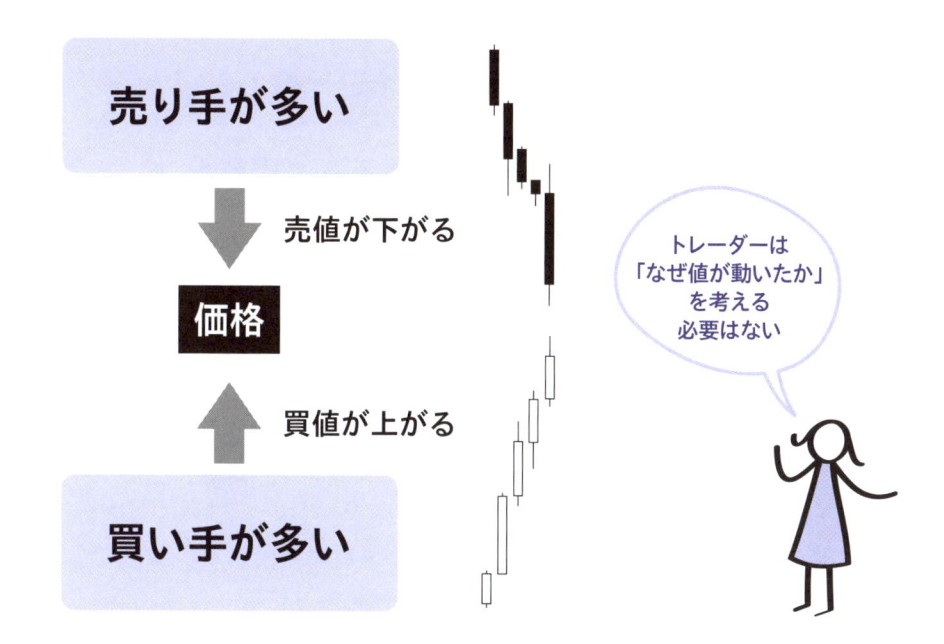

売り手が多い

↓ 売値が下がる

価格

↑ 買値が上がる

買い手が多い

トレーダーは
「なぜ値が動いたか」
を考える
必要はない

ないし、誤発注かもしれないし、大口投資家が動いたのかもしれません
んし、決済なのかもしれません。相場が動いた理由を考えても、ＦＸ
相場は一元的に管理されてはいないので、正確な答えを知っている人
はいません（第１章参照）。だったら、この理由をトレーダーが考え
る意味がありません。

相場解説が仕事の人は、何らかの理由をつけて説明しなくてはなら
ないでしょうが、トレーダーは純粋に値動きを考えるだけで十分です。
だから**値動きの事実を示すチャートを読み取る技術**が重要なのです。

加えて、ここが肝心ですが、これから売り手が多くなるか、買い手
が多くなるかは、誰にもわかりません。それにもかかわらず、どちら
かが増えるだろうと推測するのがファンダメンタルズ分析です。いく
ら理由を考え予測をしてもわかるはずがないことをしようとするか
ら、ファンダメンタルズは不要なのです。

必要なのは
値動きの予想ではなく
「値動きについていく」こと

■ 相場の先行きは「わからない」

　図10は2017年末から2018年夏にかけてのドル円週足です。2017年11月の114円台後半から、2018年3月には104円台まで10円下落しますが、この3月23日の104.637が底になっています。つまりこの3月23日に売り手と買い手が逆転し、これまで売り手優勢だった状態から、買い手優勢になり、下げ止まりました。

　これは2018年の現在から、過去のチャートを見ているから3月23日で下げ止まったという解説をすることができます。では3月23日当日はどうでしょうか。

　ちょうど私は前日の3月22日にトレイダーズ証券さんで人生初のWEBセミナーをやっていました。このときのドル円レートは105円台で、参加者さんからのチャット欄への質問でも「105円を割りますか」というものがありました。私の回答は「全くわかりません。そもそも相場の先行きはわかりません」というものです。

■ 「値動きについていく」ための方法を考える

　3月22日の105円台の動きから、105円を割って104円台になるかどうかを予想しても意味がないのです。同様に、3月23日に104円台の安値をつけたから反発するかどうかを考えることも意味がありません。売り手が多ければ下がりますし、どこかで買い手が売り手を上回れば下げ止まり反発するだけのことです。

　FXで利益を得るには、先行きの「**予想**」をしようという発想を止

図10. 相場の先行きは誰にもわからない

ドル円　週足　2017年12月〜2018年8月

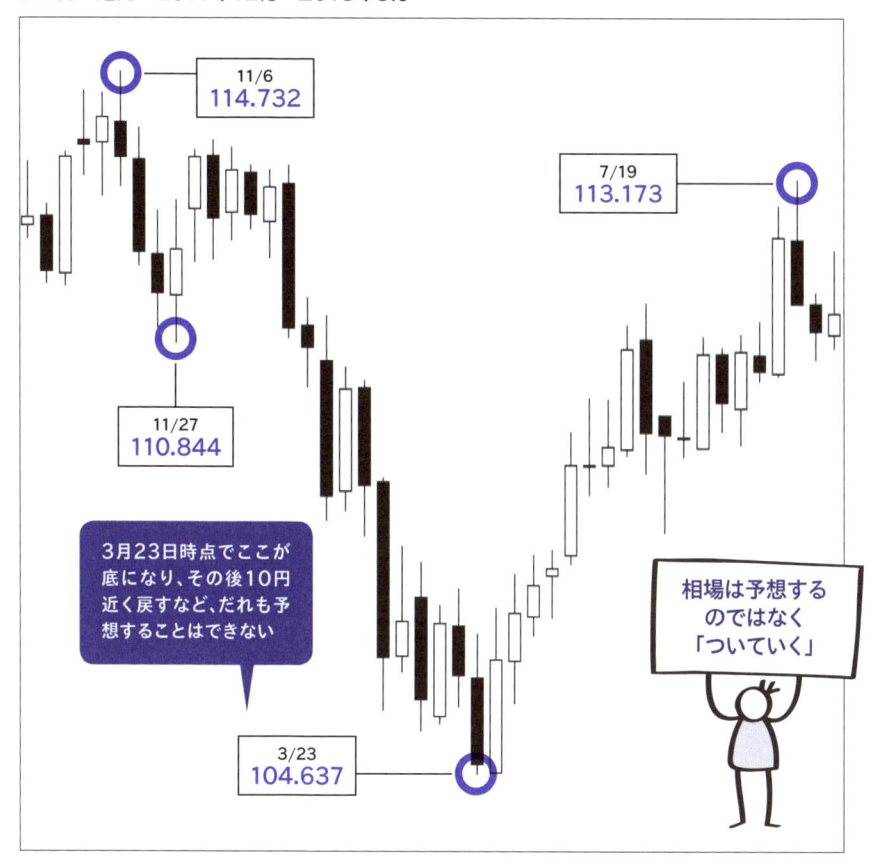

3月23日時点でここが底になり、その後10円近く戻すなど、だれも予想することはできない

相場は予想するのではなく「ついていく」

め、「**値動きについていく**」ことを考え、そのためにどうするか、という視点に切り替えることが最も重要なのです。

　他人を出し抜く「**予想**」ではなく、勝ち組に乗る「**対応**」が利益に繋がります。

売り手買い手の勢力を
ローソク足から
読み取っていく

▎事実＝ローソク足の四本値

　相場の先行きを「予想をしない」ということは、「値動きの事実にのみ従う」ということです。値動きの事実に適切に対処することこそが、ＦＸトレーディングです。

　では、値動きの事実とは何かと言えば、まず第2章で解説した四本値です。その中でも高値と安値をチェックすることが大事です。**新しいローソク足が出現するたびに、確定した1本前の四本値、特に高値と安値を確かめることが、売り手と買い手の勢力が今後どうなるかを事実である値動きから考える第一歩です。**

　少し復習ですが、値動きと共にローソク足チャートのどこに視点を置くかを見ていきましょう。

▎高値安値は売り買いが均衡している場所

　まず図11のローソク足から始めます。この前がどうなっていたかは、あえて考えません。今回は、値動きを理解する演習課題のようなものなので、この足からスタートします。

　ローソク足を見てトレーダーがすることは、この陽線の四本値をまず確認します。（第2章40ページ参照）四本値を確認する、ということは、このローソク足の終値が確定していることが必要です。もう少しリアルに近い図表で示すとチャートは87ページの図12のように次の足が出ていなければなりません。ただし、まだ2本目のローソク足は時間軸が始まったばかりです。終わっていないので、2本目の四本

図11.まずは四本値を確認

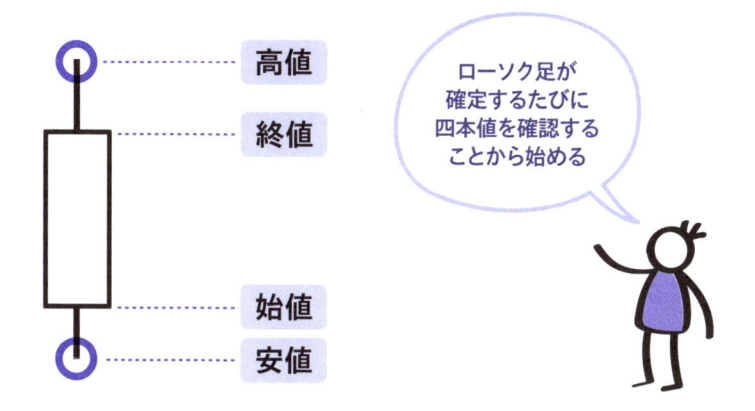

高値
終値
始値
安値

ローソク足が
確定するたびに
四本値を確認する
ことから始める

値は確定しません。確定しているのは①足の四本値と、②足の始値だけです。①足から②足に時間が移り、②足が出現した瞬間に①足の四本値が確定しています。

　ここで①足の確定した四本値、特に高値と安値から何が考えられるでしょうか。

　この①足で四本値が決まり、高値と安値が決まったということは、この高値の上に売りがある、ということです。買いが強く上昇した動きが止まる＝高値ということは、その上には買いと同量の売りがある、ということになります。だから**ここで価格が均衡し高値**となります。

▌高値抜け・安値抜けまでは方向感がわからない

　この①のローソク足では高値の下に終値があり、高値で上昇が止められて、少し下げて時間軸が終わったことが示されています。

　また高値と同様に、安値が決まったということは、この安値の下には買いが強いということです。**そこで買いと売りが均衡する＝安値になる**、ということです。

この状態で①足が終わり、②足が出現した図12の状態を見てください。

　出たばかりの②足は、まだ①足の高値と安値の間にあります。つまり、**①足の高値と安値というレンジの中に現在値がある**ことになります。

　すると、②足の現在値が前の①足の高値を上抜けていけば、①足の高値と安値というレンジを上にブレイクすることになり、値動きはさらに上昇することになります。逆に①の安値を下抜ければ、レンジを下方ブレイクするので下げる可能性が高い、ということです。

　この高値抜けか安値割りが起こるまで相場の方向感や動きはわかりません。予想してわかるものではないのです。これが「相場の事実に従う」ということで、ローソク足から値動きを分析する基本です。

▌ 売り手が多いから下げる、買い手が多いから上げる

　ローソク足という一定の時間軸で区切った値動きの範囲より、次の足で高値を更新すれば上昇し、安値を更新すれば下げる動きになります。

　このことは同時に、**高値を更新すれば買い手が優勢であり、安値を更新すれば売り手の方が優勢**だということになります。

　図12を細かく見ると、①足の高値には売りがあります。売りが強いから買いの動きを抑えて均衡して、ここで高値が決まりました。ということは、その売りが強い①足の高値を②足が上抜ける＝高値更新する、ということは、①足高値の上にあった売りより、買い手が勝ったということです。売りより買いが強いから②足の値動きが①足高値を超えて上昇していきますし、この①足高値を上抜けた＝高値更新で、上昇の可能性が下落より高くなるわけです。

　ではこの場合、逆にどこを割ったら下落に転じる可能性が高くなるのでしょうか。②足が①足の高値を超えられず、逆に①足の安値を下抜ければ、値動きは下げる可能性が高まります。なぜなら、①足安値

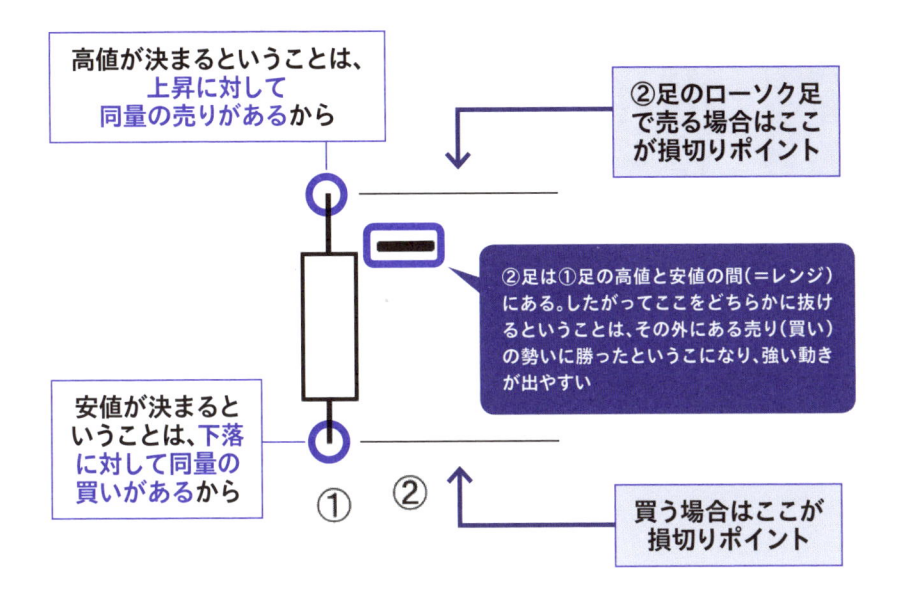

図12.2つのローソク足からでも多くの情報が得られる

高値が決まるということは、上昇に対して同量の売りがあるから

②足のローソク足で売る場合はここが損切りポイント

②足は①足の高値と安値の間（＝レンジ）にある。したがってここをどちらかに抜けるということは、その外にある売り（買い）の勢いに勝ったということになり、強い動きが出やすい

安値が決まるということは、下落に対して同量の買いがあるから

①　②

買う場合はここが損切りポイント

では買いが優勢になっているはずです。①足が下げてきたとき、安値で買いが勝ったからここで安値が決まり上昇していったわけです。つまり、この安値を割り込んだら①足を支えた買いより多い売りがあったということになります。つまり売り手の方が多いから下げることになります。

値動きの分岐点がわかれば損切りポイントもわかる

この高値と安値の基本的な構造を知っていると、②足が出て、①足の高値を超えたところで「買い」ポジションを作ることができます。①足高値超えで上昇の可能性が高くなるからです。そしてその時の損切りは、①足安値を割ったところです。この安値が買いで支えられているわけですから、それを割り込むのなら、売りが強まり下落が続く可能性が高くなるため、その分岐点である①安値（正確には安値のわずかに下）に買いポジションの損切り注文を置くことになります。

損切り注文を置く
ポイントは
どこにするか

▍パターンも中身をしっかり知ることが重要

　前項のような考え方をしているうちに、２本目のローソク足②の終値が確定すると、図13のような状態になっていることとします。

　２本の確定したローソク足はいずれも上昇していますし、高値を更新しています。つまり買い手が優勢で値を上げ続けているわけです。

　これは53ページで解説したローソク足２本のパターンＡと同じ形です。このパターンＡは、このように買い手優勢となるから上昇するパターンなのです。単純にパターンを暗記するのではなく、このように中身を知るとしっかり理解できますし、頭の中で整理されて記憶されるので、実戦で役立ちます。相場の実際の取引では暗記ではなく、常に応用が求められるので、内容の理解が一番大事です。

▍損切りポイントの候補は２つ

　図13を見ると、ここでも③足が②足の高値を上抜けていけば、さらに上昇の可能性が高くなります。理由は先ほどの説明と同じです。

　一方、逆方向はどうでしょうか。相場が反転する可能性は常に意識する必要があり、そこに損切り注文を置かなくては資金管理ができません。

　図12では、①足の安値が買いポジションの損切りポイントでした。この図13でも同様に②足の安値を買い手の損切りポイントと考え

図13.高値を更新した後に考えること

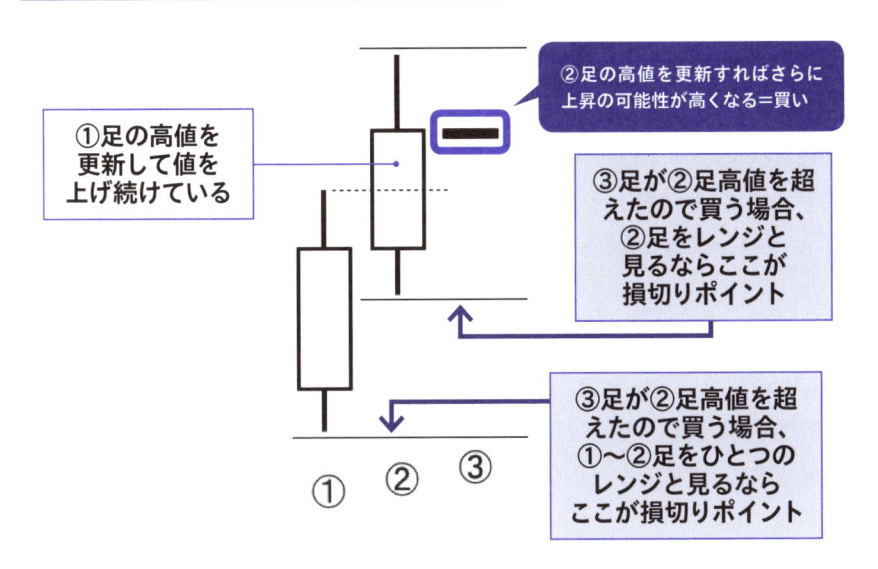

①足の高値を更新して値を上げ続けている

②足の高値を更新すればさらに上昇の可能性が高くなる＝買い

③足が②足高値を超えたので買う場合、②足をレンジと見るならここが損切りポイント

③足が②足高値を超えたので買う場合、①〜②足をひとつのレンジと見るならここが損切りポイント

①　②　③

ることができます。一方、①足と違い、②足では①足安値から②足高値までを一体とした上昇の動きと考えることもできます。これは第2章で解説した時間軸をまとめる話（60ページ）と同じです。

　こう考えると、損切りは依然①足安値でもいいことになります。つまり、前足の安値である②の安値と、①足と②足の全体としての安値である①の安値の2か所を考えることができるということです。

▌方向感がない相場では参加者全体も迷っている

　ではその後、どう動いたかを見ていきましょう。

　図14は③足が確定した時点、つまり④足が出た時点でのチャートです。

　このチャートを見ると③足は②足の高値を更新する一方、②足の安値も更新しています。こういう場面で個人投資家は迷いやすくなります。こうなると、高値更新で引き続き上昇の可能性が示される一方で、安値更新で下落の可能性も出てきているからです。

③足が前足（②足）の高値も安値も更新した、ということは値動きの方向感が失われている、ということです。つまりこの先上昇するのか、下落するのかは、④足が③足の高値を超えていくのか、安値を超えていくのか、いずれも超えないのか、再びいずれも超えるのか、とにかく④足の値動きを見ないとわかりません。値動きを追っているトレーダーが迷うということは、相場そのものが迷っているということです。

　相場の動きで迷っているのは自分だけではなく、市場参加者が買っていいのか、売った方がいいのか、迷っているから高値も超えるし、安値も超える動きとなります。値動きは市場参加者のすべての要因を反映しています。

　これは53ページの図16で示したパターンＢです。相場の先行きはわからない、レンジになる、というのはこういうことです。迷っている相場で先がわからないのに、無理にポジションを取る必要はありません。次の動き出しが上方向でも下方向でも、相場の多数派に従うだけなので、次の値動きを確かめる必要があります。

▌上昇だといっても陽線ばかり出るわけではない

　ちなみに、③足で買って②足安値を下抜けたということは、②足安値に置いた損切り注文は執行されています。上昇過程とはいえ常に相場は反転して下げる可能性もありますし、上昇の動きが続く中でも多少の下落が起こることはこれまでした説明の通りです。上昇だからといって陽線ばかりは続かず、陰線が出たりする例は、第２章でも頻繁に示しました。

図14.エントリーを控える値動き

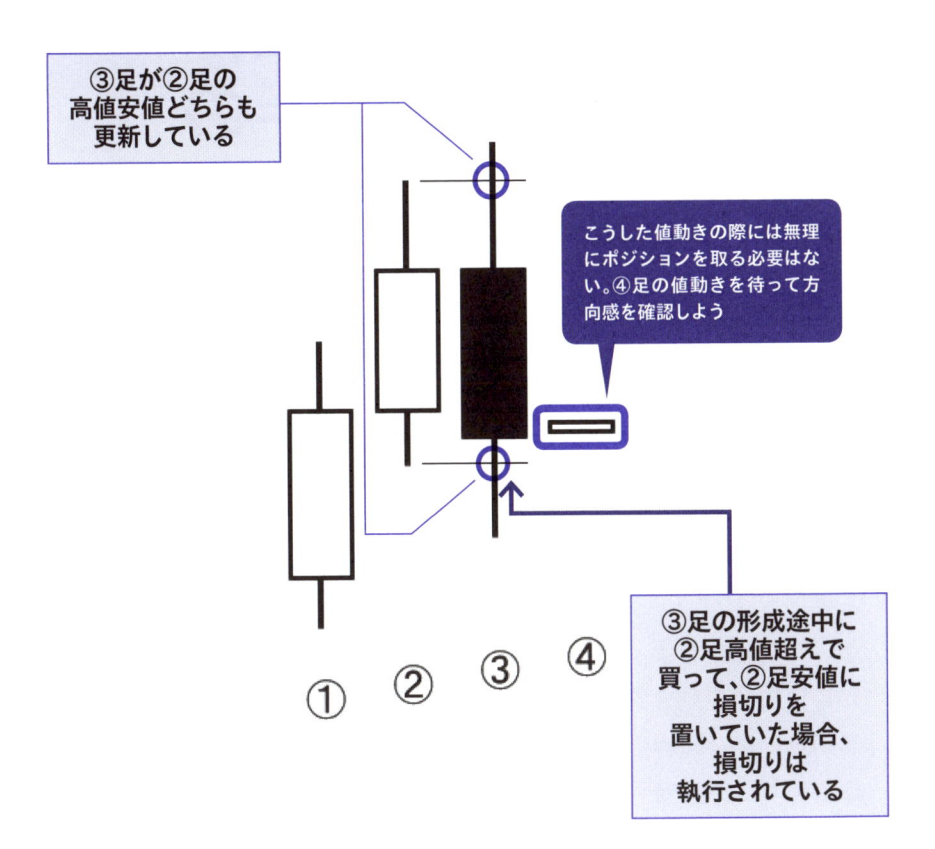

③足が②足の
高値安値どちらも
更新している

こうした値動きの際には無理
にポジションを取る必要はな
い。④足の値動きを待って方
向感を確認しよう

③足の形成途中に
②足高値超えで
買って、②足安値に
損切りを
置いていた場合、
損切りは
執行されている

① ② ③ ④

ここが
重点！

方向感がなく迷っている相場で
無理にポジションを取る必要はない

レンジの上下には買い手と売り手の思惑や戦略がある

▌高値と安値の間で拮抗している

　では、図14がその後どうなるかというと、図15を見てわかるように結局④足は③足の高値も安値も超えませんでした。値動きは引き続き方向感を示しません。ということは、この③足の高値と安値でレンジができています。③足と④足の形は、53ページの**パターンD**と同じ形になっています。

　先ほどのパターンBから次の足が出てパターンDに変わりましたが、いずれにせよレンジ相場という状況は継続しています。

　ここまでの動きを整理すると、①から②までは高値を更新し、安値を切り上げ、上昇の動きでした。それは③足で②足の高値更新したところまでは上昇継続でしたが、その後、②安値を下抜けた時点で上昇トレンドが終わりました。トレンドではなくなったので、③足高値と安値でレンジになったわけです。

　ここで値動きがレンジになったということは、**この③足の高値と安値の間で売り手と買い手が拮抗して勢力争いしている**ことになります。これまでは①足からずっと上げてきた動きが、③足高値で止められたわけで、ここから上には売り手が多いということです。買いの勢いが止められるだけの強い売りがあるから、ここが③足の高値になっています。

　そしてその売り手が強いことから、③足高値をつけた後に値動きは下げていき、②足の安値を割り込みます。前足（②足）の安値は買い

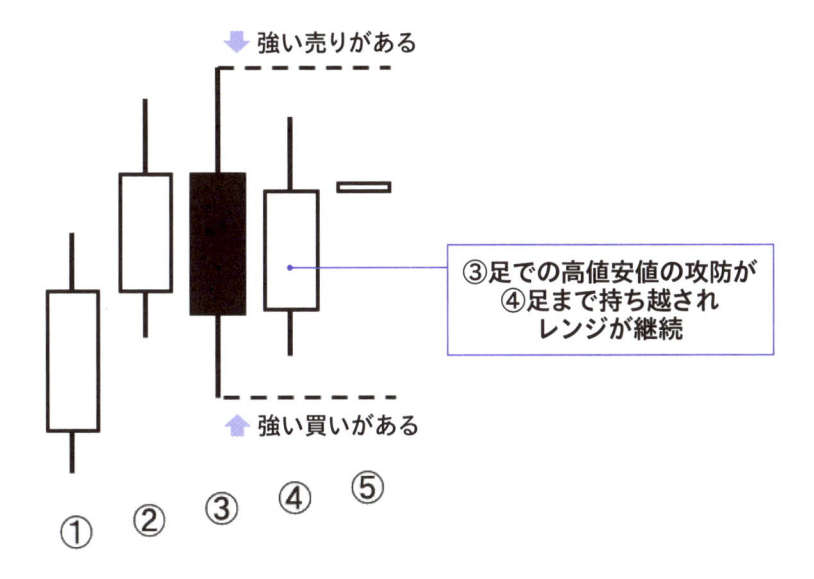

図15.レンジ継続はブレイクに備える

強い売りがある

③足での高値安値の攻防が
④足まで持ち越され
レンジが継続

強い買いがある

① ② ③ ④ ⑤

があったからここで下げ止まって安値になっているわけですから、この②足安値を下抜けたということは、売りが強いということです。

ところが、そこから大きくは下げず、下げ止まっているので、この下げ止まった③足安値の下には強力な買いがあって、下げる動きが止まったということになります。

すると、③足高値からの強い売りと、③足安値からの強い買いが、③足高値安値の間で攻防していることになります。さらに④足が③足の高値も安値も更新しないということは、この勢力争いが④足の時間まで持ち越され、**値動きはレンジが続いている**ことになります。

▌レンジブレイクは価格が一気に動きやすい

レンジは、このように売り手と買い手の攻防場面、拮抗状態ですから、レンジの高値を超えるには、これまで以上に強力に買い手が増えることが必要ですし、反対にレンジの安値を下抜けるには、これまで

以上の売り手が必要になります。つまり**レンジブレイクはこれまで以上の強い力が働くので、一気に動きやすい**ということです。

またレンジの上限と下限には売り手と買い手の損切り設定もあるはずです。

売り手は高値を超えて押し上げられてしまうと、もっと上がる可能性が高まるので、レンジの上限（正確には上限のわずか上など）に損切りを置きます。この売り手の損切りは反対売買の買いなので、ここまで買い手が押し上げると、買い手だけでなく、売り手の損切りの買いも巻き込んで買いが大きくなり、強く上昇する動きになりやすくなります。

これは反対側のレンジの下限も同じで、下限には、買い手の損切りがあるので、売りが強まってレンジの下限を割り込むと、買い手の損切りも誘発して一気に下げやすくなります。

このように、レンジの上限下限には、売り手・買い手の思惑や戦略があるので、この点からも**レンジを見つけることはチャート分析をするうえでとても重要**なことです。

┃「抜けた」という事実で買っていく

では、注目の5本目のローソク足がどうなったか、次の動きを図16で見てみましょう。

レンジとなった③足高値を⑤足が上抜けました。売り手と買い手の攻防は買い手が勝ったということです。

この場合、単純に買い手が増えた場合と、売り手が諦めて売りポジションを閉めた（決済）場合も考えられますが、そのどちらが多かったのかは、誰にもわかりません。何度も書きますが、相場で何が起こっているかを正確に説明することはできません。相場解説している人は、あくまで自分の推測をいっているだけで、それが事実であることを証明する方法はあり得ないのです。この場合も、あくまで値動きという事実が上昇を示していますし、私たちトレーダーはその事実に従って

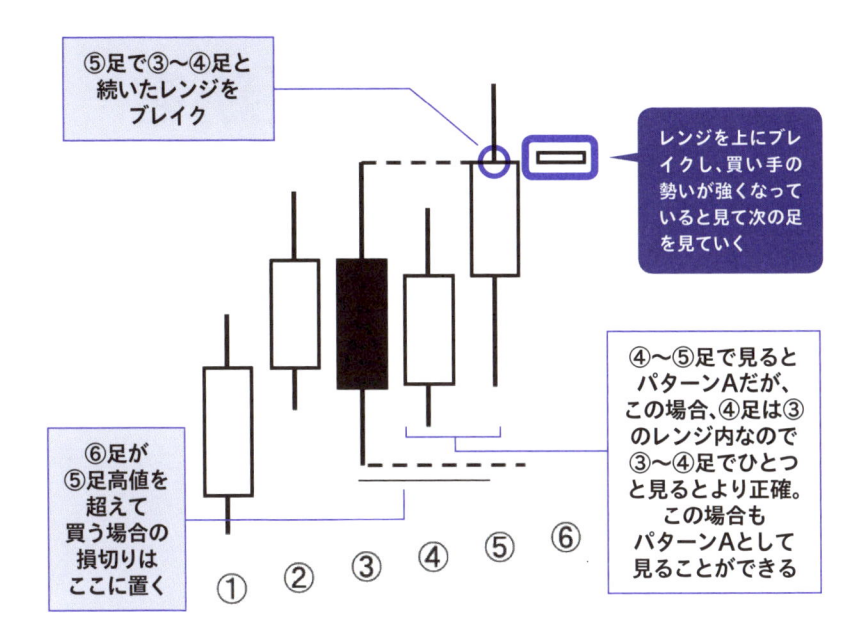

図16.レンジブレイク後の状況を分析する

⑤足で③〜④足と
続いたレンジを
ブレイク

レンジを上にブレ
イクし、買い手の
勢いが強くなって
いると見て次の足
を見ていく

④〜⑤足で見ると
パターンAだが、
この場合、④足は③
のレンジ内なので
③〜④足でひとつ
と見るとより正確。
この場合も
パターンAとして
見ることができる

⑥足が
⑤足高値を
超えて
買う場合の
損切りは
ここに置く

① ② ③ ④ ⑤ ⑥

上がるなら買っていくだけです。

　相場で何が起こっているかではなく、**事実に適応するのがトレー**
ディングです。

▎レンジブレイクで損切りポイントが変わる

　④足と⑤足の２本で見ると、53ページの**パターンA**になりますが、
④足は③足のレンジ中で動いているので、この場合は③足と④足を一
体として考えた方がわかりやすくなります。

　この例では、③足のレンジは⑤足ですぐに上抜けましたが、現実の
マーケットでは、③足のレンジの範囲で何本ものローソク足が続く、
ということもあります。そのような場合でも、結局はレンジの範囲を
決めている③足部分を上抜けるか下抜けるかが重要なので、上抜けれ
ば今回の事例のようにパターンAとなり、下抜ければパターンCと
なって下げる動きになります。

ブレイク後は高値安値の更新を注目して見ていく

■ ローソク足数本をまとめて損切りポイントを決める

先ほどの続きである図17を見ると６本目の⑥足も⑤足の高値を更新し、安値を切り上げました。③安値から安値はずっと切り上げていて、買いが強いことがわかります。③④足を１つにまとめ⑤足⑥足と３本の動きを見るとこれもパターンＡで上昇が続いています。

損切りをそれぞれのローソク足の安値が決まる度に引き上げていく方法もありますが、③足の時に②足安値に設定した損切り注文が執行されたことを考えると、単純にローソク足が出るたびに前の安値を損切りにしていいかは迷うところです。**このようなときに、第２章で解説した、ローソク足数本をまとめる考え方が有効です**。この考え方だと依然として損切りは直近安値となる③足安値に置くことになります。

■ 更新できなければレンジになる

これまで上昇の動きが続きましたが、99ページの図18を見ると、⑦足は、⑥足の高値を上抜けできませんでした。このようなわずかな違いでも、ローソク足が出るたびに四本値を確認する習慣がついていると、値動きの変化をすぐに知ることができます。

では、⑦足が⑥足を上抜けなかったことが確定した時点（⑧足が出現した時点）で何がわかるでしょうか。ここまで読んで、値動きの内容を理解している方はわかると思いますが、高値更新できなかった時点で相場はレンジになります。⑦足は⑥足の高値と安値の範囲内なの

図17.トレンド継続時の値動きの分析

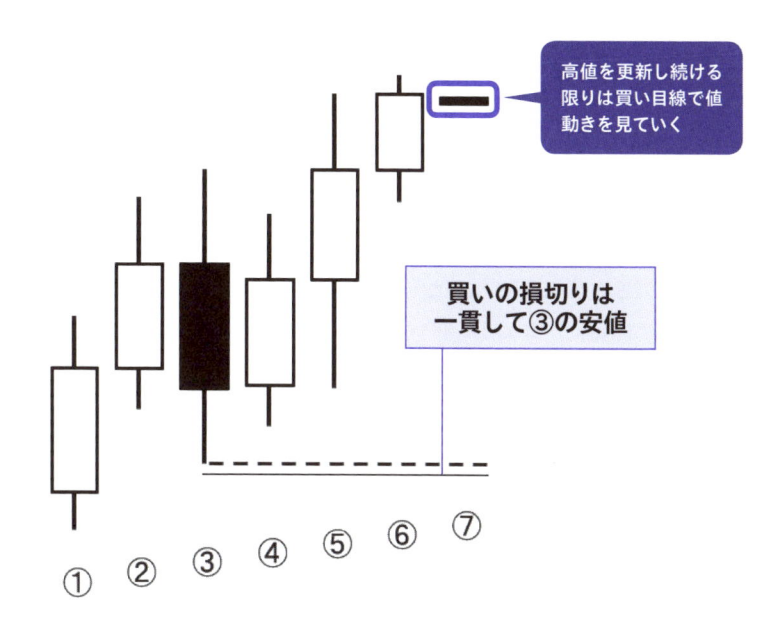

高値を更新し続ける限りは買い目線で値動きを見ていく

買いの損切りは一貫して③の安値

① ② ③ ④ ⑤ ⑥ ⑦

で、**パターンD**です。

ただ、ローソク足2本ではパターンDですが、それだけではありません。

レンジの上限は直近の高値である⑥足高値です。では下限はどこでしょうか。損切りを置いている③足安値が下限です。つまり、上昇の動きで高値を更新しない場面があれば、その直前の高値（この場合⑥足高値）と、さらに前にある安値（この場合③足安値）との間でレンジができることになります。③足安値から⑥足高値まで上昇が続き、一体として考えられるからです。

このように⑦足が⑥足の高値を超えなかっただけで、⑥足の高値と安値の狭いレンジと、⑥足高値と③足安値の広いレンジの2つが考えられることになります。

ちなみに、この事例では⑦足安値が⑥足安値を割っていないので、

レンジが2つ考えられますが、もし、⑦足が⑥足安値を割っていたらどうでしょうか。この場合は、⑥足の高値と安値というレンジを⑦足安値が下抜けているので、⑥足高値と③足安値のレンジだけになります。

▌売りポジションを持つなら③足の安値が下値のメド

仮定の話で少し脱線したので元に戻します。

この図18のような場面では、③足のところでも説明したように、次の⑧足がどう動くかが注目されます。⑥足のレンジがあるからです。つまり⑧足の動きで、⑥足高値を上抜ければ、⑥足の狭いレンジと、⑥足と③足のレンジを上抜けて上昇の動きが継続します。一方、⑥足安値を割り込めば⑥足と⑧足はパターンCで下げる動きを示し、また⑥足高値と③足安値の広いレンジ内を下げる動きになります。

ということは、この下落の下値のメドとして③足安値が考えられるようになってきます。

こう考えると、⑥足安値を割り込んだ時点で売り仕掛けしたくなります。もちろんそれでも構いません。その場合は、損切りを⑥足高値の上に置くことになります。この⑥足高値は売りが強かったはずなので、もし戻して上昇した場合、ここを上抜けたら売りより買いが強くなります。このため、売りポジションを持つなら、この⑥足高値が損切りポイントです。

一方、③足と⑥足の間の広いレンジを考えた場合、レンジ内は、先ほど説明した通り、売り手と買い手が攻防する場面です。今回は③足の時より広い幅で売り手と買い手が勢力争いすることになり、このレンジの場面で下手に手を出してポジションを作ると、負けることになりかねません。

なぜなら、**レンジ内で相場が拮抗しているということは、方向感がなくなり、上か下かどちらに動くかわかりません。**動きがわからないのにポジションを取るということは、何の戦略もなくギャンブルをし

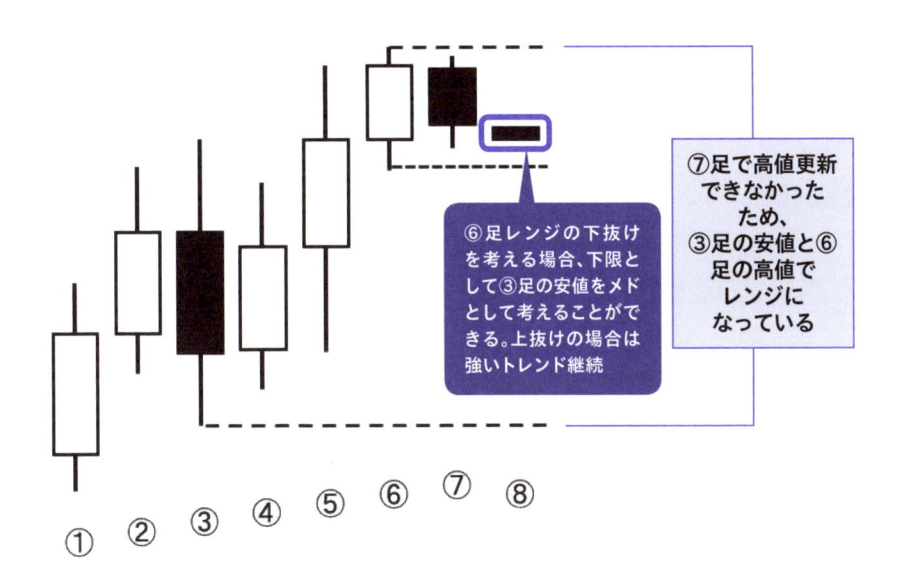

図18.レンジブレイクしてからのレンジ形成

⑥足レンジの下抜けを考える場合、下限として③足の安値をメドとして考えることができる。上抜けの場合は強いトレンド継続

⑦足で高値更新できなかったため、③足の安値と⑥足の高値でレンジになっている

ていることになります。

▌両建ては無駄な損切りが発生する

　また、こうしたレンジになると、「売りと買いの両方を仕込めばいい」という意見（つまり両建て）も出ますが、私はお勧めしません。両方仕込めば、どちらかは必ず損切りすることになるからです。だったら、レンジを抜けて方向感が出るのを待って、確率が高くなった方にポジションを取る方が無駄な損失を抑えることができます。

ここが重点!

損切りポイントもローソク足をまとめて考える

高値安値超えは エントリー・損切りの 基準ポイント

▌ 高値安値を超える＝エントリー・損切りの設定の基準

　図18ではローソク足は⑥足高値から下げて、③足安値とのレンジになりました。その後のローソク足何本かの動きを一気に描くと図19のようになり、⑪足では広いレンジ（③足安値）を下抜けて大きく下げていきます。

　レンジを下抜けて相場は上昇の動きから、下方向に転換した動きになります。

　これまでの図11から図19で細かく説明したように、ローソク足の値動きに注目し、高値や安値を超えることにどんな意味があるのかを理解していると、四本値を確認することの重要性も感じるでしょうし、エントリーのタイミングや適切な損切りの設定も考えやすくなります。

　⑥足のレンジ下抜け（⑥足安値）で売った場合は損切りを狭くできたうえに大きなレンジの下限である③足安値をも下抜ける大きな値動きを取ることになります。

▌ 精度の高いトレーディングのために高値安値を知っておく

　こうした値動きの考え方は、ローソク足の基本中の基本で、これを知らずにテクニカル指標をつかっても上手く使えなかったり、騙されたりということになりがちです。逆に、このローソク足の基本を知っていると、どのテクニカル指標を使っても精度の高いトレーディングができ、エントリーや損切りでの失敗が少なくなるはずです。

図19. 一連の値動きのその後

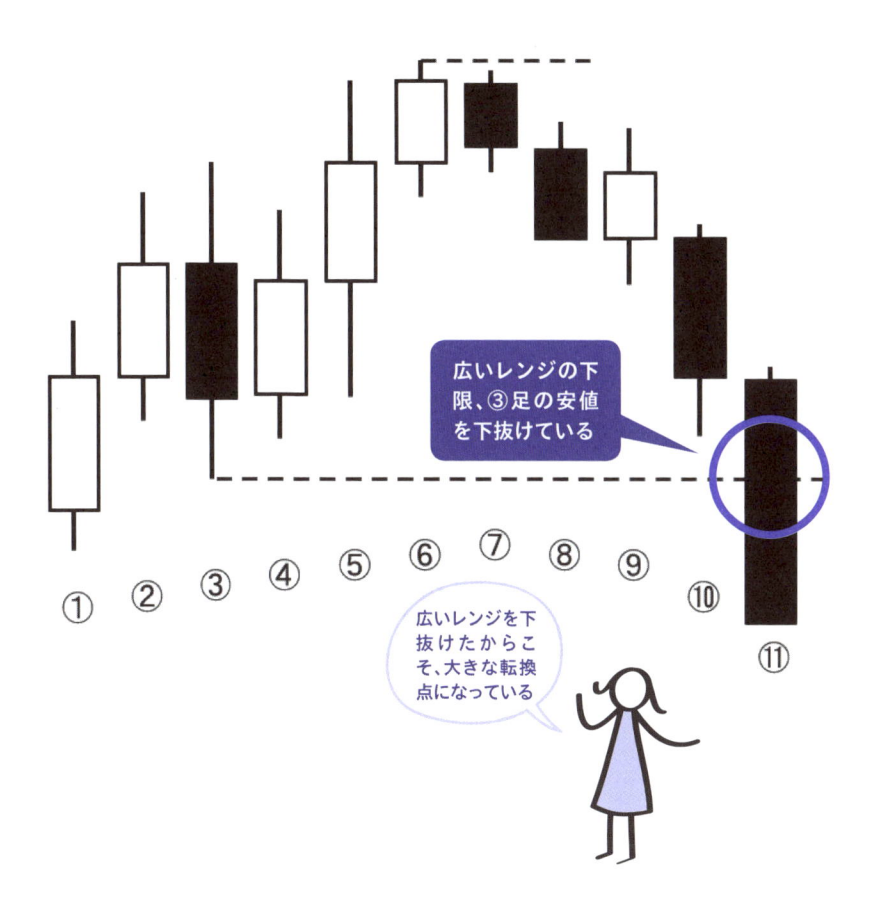

広いレンジの下限、③足の安値を下抜けている

広いレンジを下抜けたからこそ、大きな転換点になっている

これは前著「1日2回のチャートチェックで手堅く勝てる兼業ＦＸ」で説明したダウ理論のひとつでもあります。

 ここが重点！

高値安値の確認がエントリー・損切りの失敗を減らす

節目となる過去の高値安値を目安にしておく

FX
Section
12

▌過去の高値安値にラインを引いて目安にしておく

再三ですが、図11〜図19で紹介した事例の中で重要なことは、「**現在のローソク足より過去にあるローソク足の高値や安値を意識しておくこと**」です。

3本目の③足が出た時には、前の②足や①足の安値が損切りポイントとして考えられましたし、4本目の④足が出た時には、その前の③足の高値と安値がレンジになりました。レンジということは、上にも下にも動く可能性があり、高値と安値の両方が意識されます。

実際の相場取引では、**過去の高値や安値にラインを引くなどして目安にしておく**ことが有効です。値動きの基本を知っている勝ち組トレーダーも当然こうした高値や安値は意識しています。だからこそ、そうした価格付近では値動きが膠着したり、ブレイクで大きく動いたりします。

▌日足レベルで高値安値を毎日確認する

西原メルマガでテクニカル解説をする私の配信では、関連する通貨ペアのチャートを添付していますが、ここにも過去の安値や高値にラインが引かれていて、戦略を考えるうえで重要なポイントになっています。

図20はドル円日足のディナポリを表示させたチャートの一部で、

図20.高値安値を意識した実際のチャート

ドル円　日足　2017年12月〜2018年3月

移動平均線の部分だけです。メルマガではこのように過去の高値や安値を意識した図表を添付しています。

　この図20は2017年12月12日から2018年3月30日までの動きで、この間のドル円はずっと下げて、3月23日安値104.637まで下げる過程の動きです。この値動きに高値や安値でラインを引いておくと、売りポジションの損切りがどこか、どこを下抜ければさらに下げるのかが見えてきます。こうしたことを知るために、日足であれば毎日四本値を確認することが必要なのです。

トレンドとは
レンジブレイクが
同じ方向に継続したもの

■ レンジブレイクが同一方向に続くとトレンドになる

ここまでの事例や解説で気づいた人もいるかもしれませんが、トレンドとレンジの関係はとても密接です。ちょっと禅問答のようですが、**「レンジがトレンドを生み出し、トレンドの中にはレンジがある」**ということです。

つまりトレンドとは、**レンジブレイクの同一方向への継続**です。

図21は、前項の図20と同じ2017年12月から2018年3月のドル円日足チャートです。この期間のドル円は113円台から104円台まで3カ月で約9円下落します。明らかに下落トレンドです。図20で表示されていた3本の移動平均線（DMA）を消した、素のローソク足チャート図21を例に下落トレンドを見てみましょう。

■ 下落トレンド中の6つのレンジ

ここから少し細かいのでじっくり読んで下さい。まず図表左上側に12月13日高値113.749があります。

これが12月15日安値（112.031）の直近の高値です。この高値から12月15日に112.031まで下げます。12月15日で下げ止まって上に戻すので、12月13日（113.749）と、12月15日（112.031）でレンジになっています。

レンジの上限は、12月13日（113.749）から、12月21日（113.636）、1月8日（113.387）と切り下げていますが、下限は12月15日の

図21.素のチャートに安値高値を表示させた例

ドル円　日足　2017年12月〜2018年3月

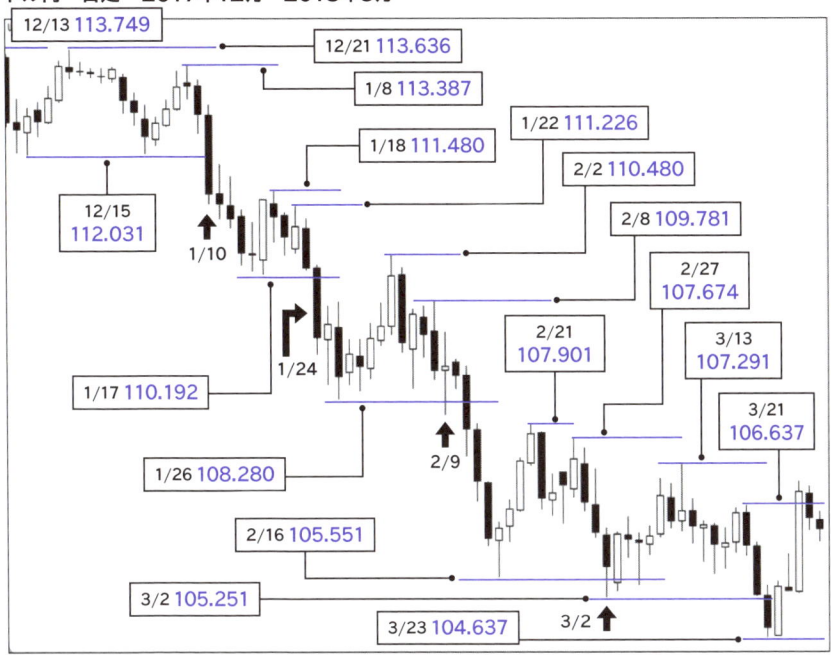

ままです。１月２日には112.048まで下げますが、12月15日安値を割らないのでレンジのままでした。このレンジは大きな陰線で下限（112.031）を下抜けた１月10日まで続きます。

　１月10日に先ほどのレンジを下抜けたので、ドル円日足は下げますが、このローソク足の下落は１月17日の110.192で止まります。

　ここから値動きは上に戻すため、新たなレンジは下限が１月17日、上限は前のレンジを下抜ける前の高値である１月８日の113.387となります。これがこの図表で２つ目のレンジです。

　この２つ目のレンジは１月24日に下抜けて、１月26日安値108.280まで下げてここが３つ目のレンジの下限となります。３つ目のレンジの上限はレンジを下抜けた１月24日の直前の高値である１月22日の111.226です。

３つ目のレンジは２月９日に下抜けます。この下落は、２月16日安値105.551まで続きます。週明けの２月19日安値が２月16日安値（105.551）を下抜けないことが確認できた時点で、４つ目のレンジは２月８日高値と２月16日安値となります。

　３月２日になると、２月16日安値105.551を下抜け、105.251まで下げます。このレンジブレイクは、それ以上下げず、５つ目のレンジは２月27日と３月２日となります。

　そして３月23日に３月２日安値をブレイクして104.637の安値をつけ、３月21日と３月23日が最後のレンジとなります。

　これを整理して書くと、次のようになります

最初のレンジ＝12月13日高値と12月15日安値

２つ目のレンジ＝１月８日高値と１月17日安値

３つ目のレンジ＝１月22日高値と１月26日安値

４つ目のレンジ＝２月８日高値と２月16日安値

５つ目のレンジ＝２月27日高値と３月２日安値

６つ目のレンジ＝３月21日高値と３月23日安値

約９円幅の下降トレンド

▌下方ブレイクが継続する＝下方向へのトレンド

　ドル円日足が12月13日から３月23日までに約９円下げる間には６つのレンジとレンジブレイクがあり、下げていることがわかると思います。この間はずっとレンジを下方ブレイクしてきたので、レンジブレイクの同一方向（つまり下方向）への継続でトレンドができているわけです。値動きは取引結果として多数派がどちらに動いたかを示しているわけですから、この多数派の動きに乗ることが相場で勝ち組につくことになります。

　一方、この先のチャートは図21にはありませんが、最後のレンジ、

図22.6つのレンジ

ドル円　日足　2017年12月〜2018年3月

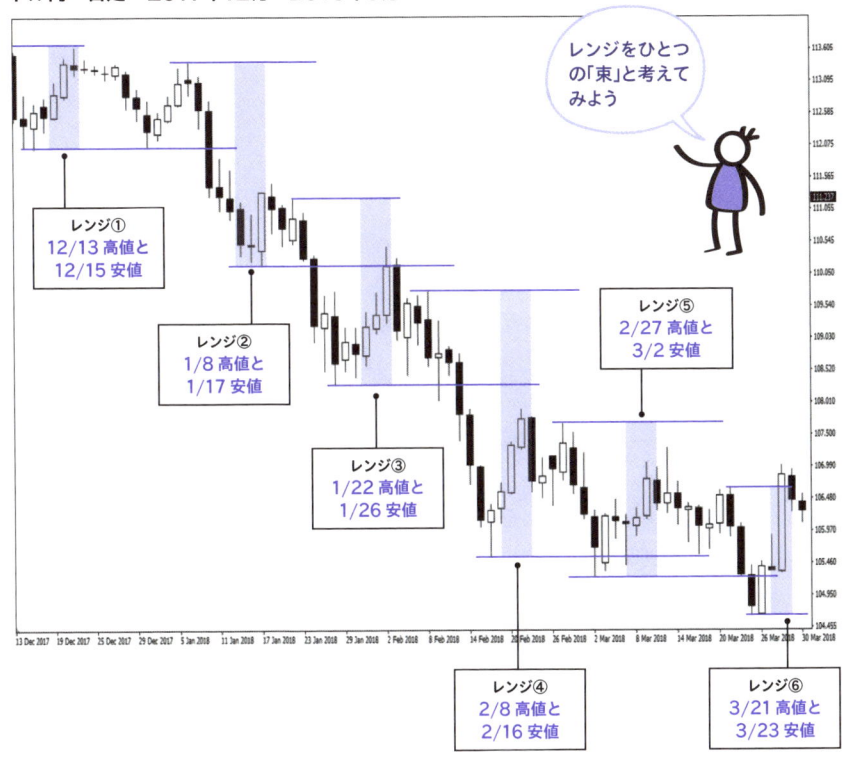

レンジ①
12/13 高値と
12/15 安値

レンジ②
1/8 高値と
1/17 安値

レンジ③
1/22 高値と
1/26 安値

レンジ④
2/8 高値と
2/16 安値

レンジ⑤
2/27 高値と
3/2 安値

レンジ⑥
3/21 高値と
3/23 安値

レンジをひとつの「束」と考えてみよう

つまり3月21日高値と3月23日安値のレンジが、3月28日に上方向へブレイクされます。**ここで同一方向へのレンジブレイクが終了し、ドル円の下落トレンドは終了**しました。また下方向が終了したとともに、上方向へのレンジブレイクが起こったわけですから、今度は上方向でレンジとレンジブレイクの動きが続くかが、上昇トレンドになるかの判断になってきます。

▍レンジもローソク足と同様に考えてみる

　ここでもうひとつ注目してもらいたいのは、このレンジをひとつのローソク足と仮定して考えることです。図22のようにレンジの高値

と安値で値動きを囲うと、6本のローソク足のようになります。

これをさらに見やすくすると、図23のように6本のローソク足のようになります。最初のレンジが①で、その後は順に下げていることがよくわかります。

レンジとレンジブレイクの繰り返しがトレンドになっていることが、これらの図表でよくわかるのではないでしょうか。

レンジもローソク足と同じと考えれば、下落トレンドの最後の足を次の足が上抜けるようになると、下落トレンドは終了し反転上昇の可能性が出てくるわけで、この点からも高値安値の値動きを追うことが、相場の動きを知るために大事だということが理解できると思います。

▌値動きの勢いの強弱がわかりやすくなる

このように値動きをローソク足のようにすると、値動きの特徴も見てとれます。最初のレンジ（113.749〜112.031）は下抜けるのに3週間ぐらいかかっています。相場の方向感が定まらないので売り手と買い手の攻防が強く、上にも下にもなかなかレンジブレイクしなかったことが想像できます。

その後、最初のレンジを下抜けしてからは、下げ足が大きくなります。つまり、ここで方向感が決まりました。順調に②③④は大きく下げていきます。一方、⑤⑥は下値があまり拡大していません。つまり**下げが弱まってきているわけ**です。下落が弱まる要因は、売り手の減少か、買い手の増加です。それでもレンジブレイクはして下向きなので売りが優勢ですが、価格があまり下げないということは、売りだけでなく買いも多いということです。

この買いが新規の買いではなく、売り手の利確（＝買い）と考えると、下落の動きが弱まっていることも理解できます。**この下落相場はそろそろ終盤**だということです。

それを決定づけたのは、最後の⑥のレンジを下抜けず、レンジを上にブレイクした時です。ここで下落相場は転換して上昇の動きに変わ

図23.一連の値動きをローソク足のようにしたもの

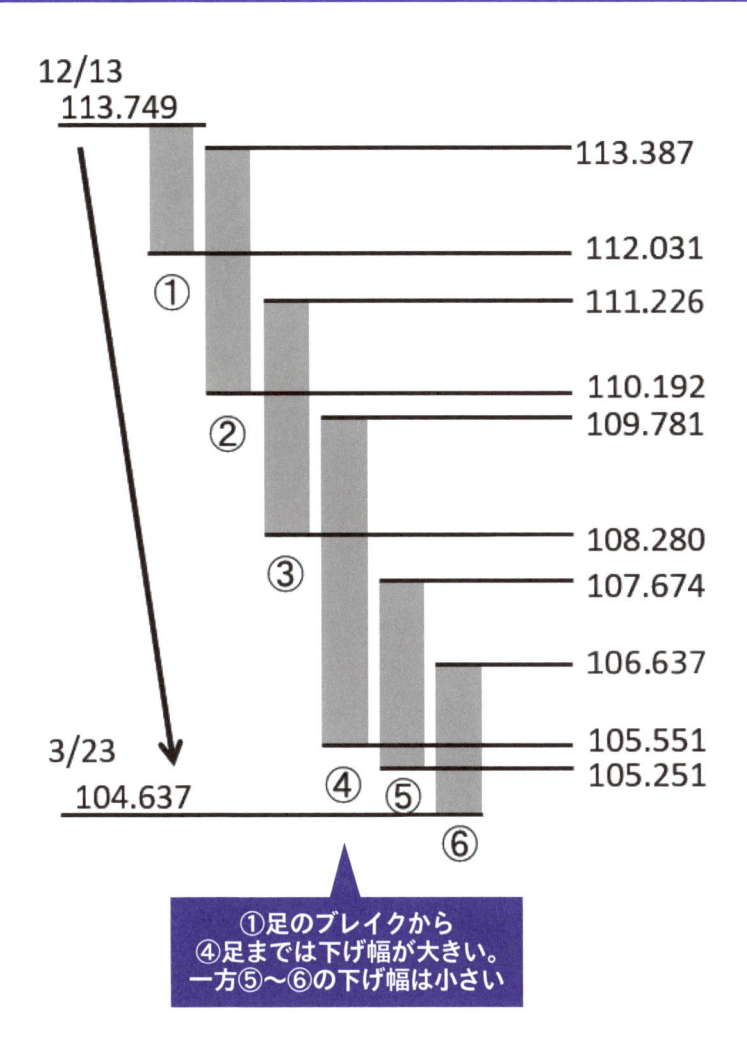

①足のブレイクから
④足までは下げ幅が大きい。
一方⑤〜⑥の下げ幅は小さい

ります。

　こうした動きは、日足でも、短い時間軸でも同じで、値動きから売り手や買い手の動きを推測できると、相場を動かしている多数派＝勝ち組（この場合は売り手）が何をしているかがわかり、それに対応した取引をすることができます。

レンジを上手く活用すると利幅を拡大できる

▌指値でレンジの外に注文を置いておく

レンジがあるとよく「レンジの上限で売り、下限で買う」という、逆張りの取引が例に出されます。レンジの上限に損切りを置くことで、損切り幅が明確になり売りやすく、下限では逆のことができるからです。

この場合、最大利益の幅はレンジ幅に限定されています。上限で売れば、下限に近づくにつれて買いが増えて下げにくくなるからです。

一方、レンジブレイクを狙うと利幅はもっと大きくなります。ブレイクしたことで、レンジ内取引の損切りを巻き込んでより強い動きにすることができ、大きく動き出す可能性が高くなります。

そして、そのレンジブレイクが同方向へ繰り返せばトレンドになっていきます。つまり**レンジブレイクに乗れば、トレンドの初動から乗ることができる**わけです。

また、注文方法としても高値や安値を正しく把握していれば、あらかじめ両方のレンジの外側にオーダーを置いておくことで、レンジをどちらに抜けてもその多数派の動きについていくことができます。成行ではないので、チャートを凝視している必要もありません。ですから、勝ち組である多数派はファンダメンタルズに関係なく、相場の動きに乗っていくことができ、利益を積み上げることができます。

▌日足で狭いレンジでも時間足にとってはトレンド

トレンドができてもそれが永遠に続くことにはなりません。前項の

図24.レンジブレイクの取引のイメージ

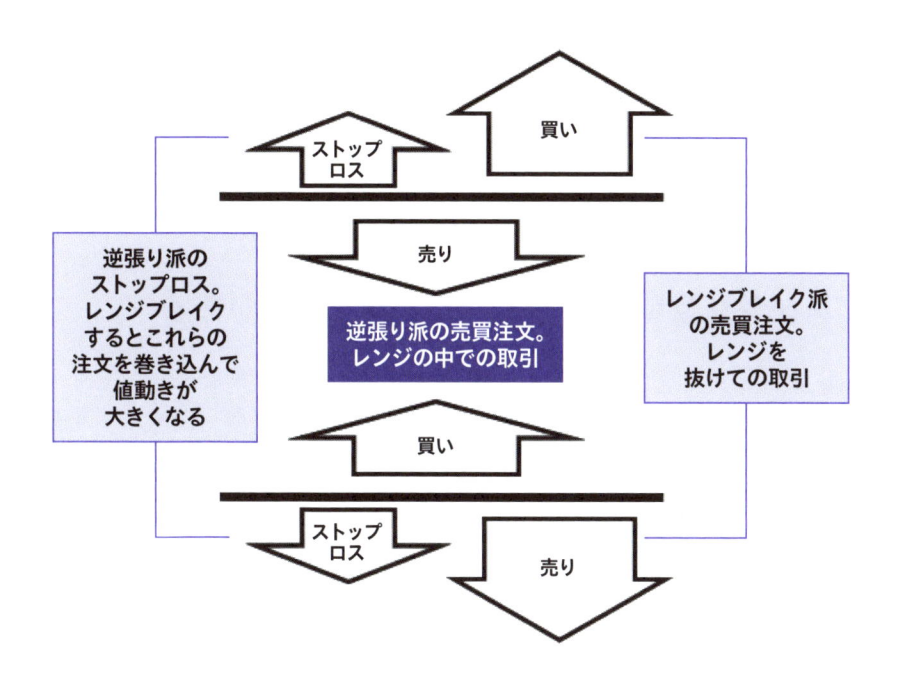

図21〜図23で説明したように、下限・上限にいくにつれて値動きが弱まって来るからです。

　先ほどのドル円日足の事例では、105円台で売りが減ったか、買いが増えたかして下げにくくなりました。こうした動きが出てくると、図24のレンジ下側の動きが減っている可能性を考える必要が出てきますし、それは多数派の減少であり、勝ち組である売り手が勝ち逃げ出しつつあることでもあります。

　これは時間軸の違いです。レンジ幅が狭ければ、より小さな時間軸で取引している人がレンジ内での逆張り取引をし、より長い時間軸で取引している人は、レンジブレイクを狙いやすくなります。日足で取引する人にとって狭いレンジで利幅に魅力がなくても、1時間足やそれ以下の時間軸の人にとっては十分な利幅が狙えます。時間軸を下げるとレンジ内の動きもトレンドとなるからです。

相場の転換点を
チャートから読み取り
反対方向へ戦略転換

■ レンジを意識することには2つの意味がある

　レンジブレイクの継続でトレンドが続いてきたときに、レンジを逆方向にブレイクする動きになれば、相場の動きが転換・反転する可能性を考えなくてはなりません。値動きをチェックし、レンジを意識するということは、**①トレンドを追いかけることと、②トレンドの反転に備えること**の2つの意味があります。

　図25は、2018年のドル円日足で、3月23日に104.637の安値をつけた後（時間的続き）の動きが表示されていて、先ほどの図23で示した6つのレンジの3番目のレンジの途中から6つ目のレンジまでの動きと、そこからの反転上昇が描かれています。

　重要なのは6番目の3月21日高値と3月23日安値のレンジです。3月23日に安値をつけた後は、この安値を更新しないでレンジ内で推移します。ということは3月21日高値106.637を上抜けると、レンジを逆方向にブレイクすることになります。

　そして、この逆方向へのブレイクは3月28日に起こっています。

　3月28日に3月21日高値を上抜けたドル円日足は、売りが多いはずのレンジの上限をブレイクしたため、売り手を上回る買い手の存在でここからは上昇の動きになっていきます。

　3月28日の直近安値は3月23日なので、これが上方向への最初のレンジとなります。この3月28日高値は4月5日にブレイクされ、

図25.相場の転換点は逆方向へのブレイクで確認する

ドル円　日足　2018年1月〜2018年5月

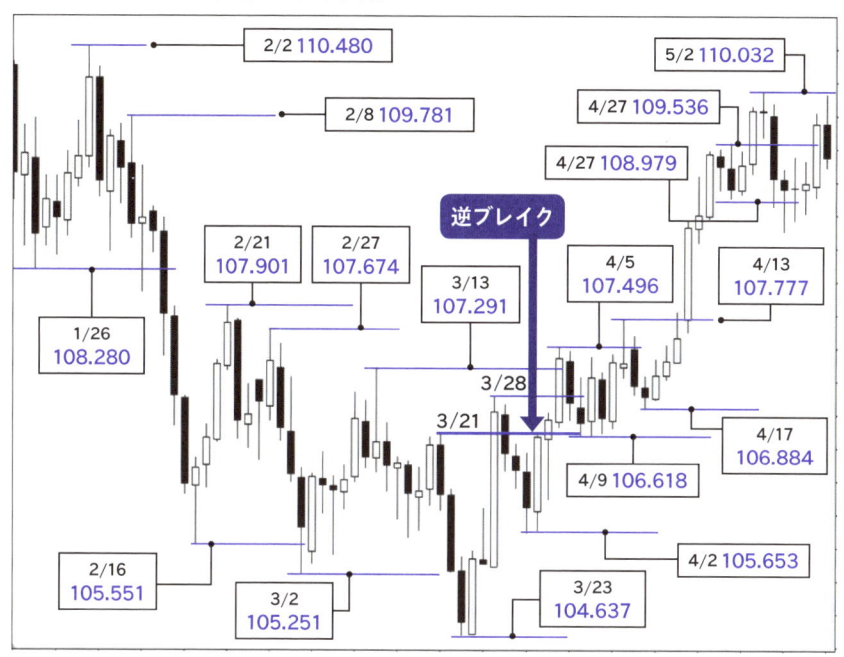

その後も上にレンジブレイクして上昇トレンドになっていきます。

　このように1月から3月に続いていた下落トレンドでも、相場はいつか流れが止まります。そして反転することもあります。このため、どこが相場の転換点かをチャートから読み取っておけば、そこからは反対方向へのトレード戦略を取ることができます。

■ ポジションを途転するにもチャート分析が必要

　根拠のない取引をする人の中には、上手くいかないから**途転（ドテン）**する人もいますが、これは往復ビンタを食らいやすい取引です。トレンドが転換する、トレードを途転する、というときにもチャートに基づいた判断が必要ですし、こうしたことができるからチャートが読める人は勝ち組として収益を得られるのです。

レンジ抜けで売買するなら逆指値注文しかない

相場を動かす多数派＝勝ち組に乗る取引をする、ということは、逆指値注文を多く使うことになります。なぜならレンジを上抜けたら買い、下抜けたら売るわけですから、**レンジ内にある時に注文を出すなら、すべての注文は逆指値になるはず**です。

逆指値注文は、買いなら現在値より上の価格で買う注文ですし、売りなら現在値より下で売りの注文を出すことになります。相場の多数派が売り手か買い手かのどちらか判別するポイントがレンジの上限や下限です。ということは、そこを抜ける瞬間をずっと待っていて、動きに合わせて成行でエントリーするのは現実的ではありません。その瞬間がいつ訪れるかがわからないからです。移動中かもしれませんし、就寝中かもしれません。

相場の値動きを見て過去のチャート・ポイントから、どこでエントリーするかが決まっているなら、逆指値を置いておくだけで、戦略通りにポジションを作ることができますし、チャンスを逃がしません。

「都合よく相場の流れに反発する」という考えは妄想

もし指値注文を多用しているとしたら、リスクが高いことになります。なぜなら指値注文は、現在値より上がってきたら売る、現在値より下がってきたら買う、という、いわば**逆張りの注文**だからです。現在値より上がるということは買い手が多いわけで、買い手が多いのに売る、売り手が多いのに買うというのは、流れに逆らうポジショニングです。そして自分に都合のいいように、逆向きの流れが止まってくれるとは限りません。また逆張りでも自分に都合よく動きが止まるという考えは、「予想」であり、ある意味「祈り」に近い「妄想」かもしれません。少なくとも、本書をここまで読んだ人には非効率であることが理解できると思います。

では、レンジの場面ではどのような取引戦略を取るべきでしょうか。私を含め多くの人がチャートを見たとき、値動きはレンジ内の値動

図26.レンジブレイクの注文

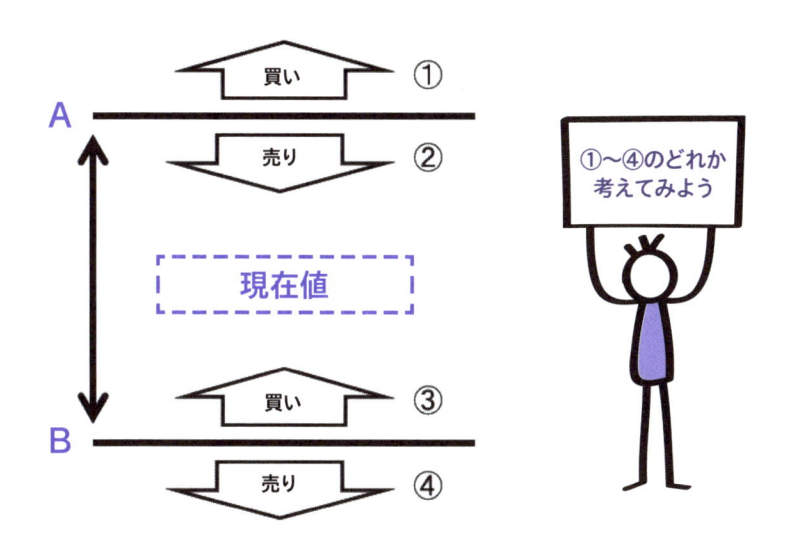

きを見るはずです。図26ではレンジの上限Aと下限Bの間で値動き
があるということです。つまりチャートを見たときの価格は「**現在値**」
として示したレンジＡＢ間の中にあるはずです。

█ 逆指値注文をレンジの上限と下限に置いておく

　稀に、チャートを見た瞬間にレンジブレイクした、という場合もあ
るかもしれませんが、そんなタイミングになることは、まずありませ
ん。ということは、前項までで解説してきたようなチャート分析をし
てレンジを見つけることで、あらかじめ注文が置けます。

　マーケットの動きを張りついて見る必要もなく、予め立てた戦略に
従った合理的な取引ができるわけです。前著で日足の取引するなら「１
日２回のチャートチェック」で十分とした理由も、こうしたことが理
由です。

　さて、では図26のような状況の場合、①〜④のどの注文をすれば
よいでしょうか。

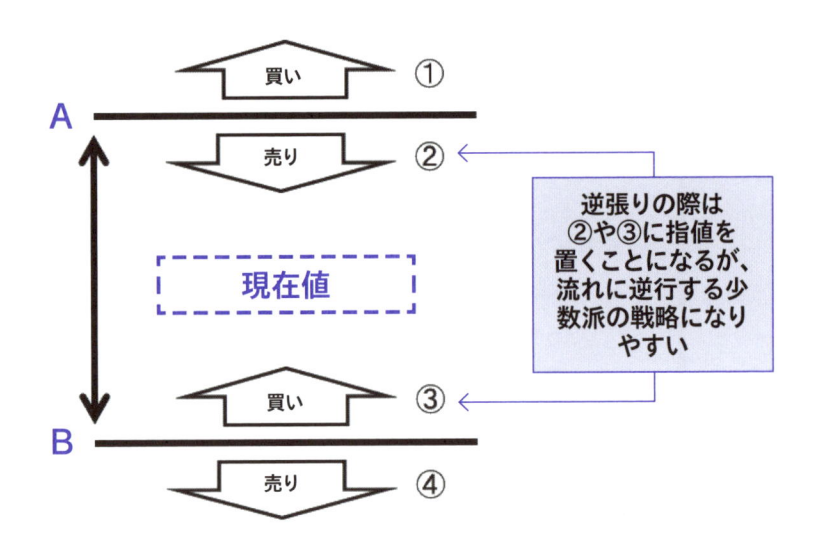

図27.レンジ内で逆張りする際のイメージ

逆張りの際は②や③に指値を置くことになるが、流れに逆行する少数派の戦略になりやすい

答えは、①と④ですね。

レンジを上にブレイクするということは、買いが強く上昇する動きとなる可能性が高くなります。ですから、レンジを超えたところで買う(buy)①の逆指値注文を置きます。またレンジを下抜ければ下げる可能性が高まるので、売り(sell)④の逆指値を置きます。重要なのは、レンジをどちらに動くかは誰にもわからないことなので、現在値にあるなら、**①と④の逆指値を同時に置いておく**ことです（図27）。

もし、②や③の指値注文を置くということは、レンジ内で逆張りすることになります。レンジが強力で、都合よくレンジの上限や下限で折り返せば利益になりますが、そんなに都合のよいことが起こるでしょうか。

▌逆張りは取れる利幅も限られている

例えば②に売り(sell)の指値注文を置いた場合、レンジ内ながら買

い手が優勢で上昇している状態で、売りを仕込むわけで、レンジを突き抜けてしまう確率が高いと考えるべきではないでしょうか。もちろんレンジを上抜けた場合に備えて、レンジの上に損切り注文を置くことになりますが、①に逆指値した人は、こうした②の損切りを利用して上昇の動きで利益を狙います。少額だから損切りでもいいという考え方が損失の積み重ねを招きやすく、トータルの収益をマイナスにしやすくなります。

また②のような逆張りで取れる利幅はよくてもレンジの下限までと考えるべきです。すると、**想定される利幅が限定されているのに、割に合わない損切りのリスクを負う**ことになりはしないでしょうか。

当然③での買い(buy)も同じで、例えレンジの下限を抜けたところに損切りを置いたとしても、あまり効率がいい取引とはいえません。

以上のことから、相場予想をせず、値動きの多数派に乗るということは、逆指値注文を多用することになってきます。

▍逆指値での損切りは反対側の上限・下限に置く

では、①や④で逆指値してレンジブレイクに乗っていく場合の損切りは、どうなるでしょう。①の買い(buy)に対しての損切りの売りは④となります。また同様に④の売り(sell)に対する損切りは①での買いとなります（図28）。

レンジ内で逆張りしないで、レンジを超えたところで上にも下にも注文を置くとなると、上にも下にも動いてどちらも損切りがつくのが心配だ、ということをいう人もいます。

こうした妄想を抱く人は、相場の値動きのメカニズムを知らない人なのでしょう。チャートからレンジを正しく把握していれば、このようなことはとても起こりにくいものです。

特に時間軸が大きければ大きいほどこのような事は起こりません。なぜなら、買い手が増えてレンジを上にブレイクして上昇しているのに、それが急に上昇が止まって反転して下落し、今度はレンジの下限

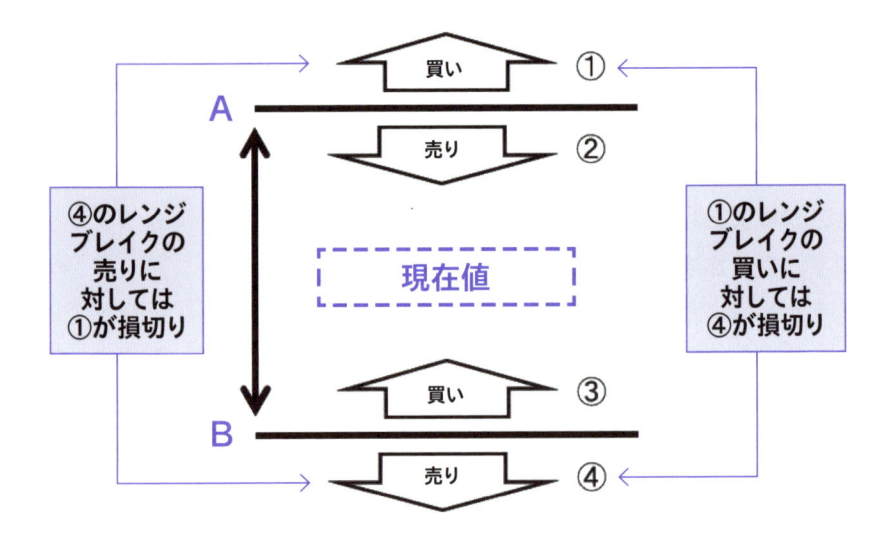

をブレイクするという不自然な動きが起こると想像していることになるからです。

　多数派が増えて上昇している流れを止めるだけでも大変なのに、さらにそこからマーケットを逆流させるのは至難の業です。相場の多数派が急に縮小して少数派になる、という現実的でないことを想定しているわけで、つまり値動きが多数派と少数派の力関係で決まる、ということを理解していないことによる妄想をしていることになります。

　ただし、日足以下の短い時間軸では、時間軸が短ければ短いほど、こうした不自然な動きが起こりやすくなります。

PART

4

実際のチャートで値動きを追って取引する方法

値動きを分析して、相場の多数派に乗る投資方法がわかるようになったら、次はいくつかの別のチャートを使って練習してみましょう。もともとの考え方は非常にシンプルです。あとは複数のケースで繰り返し練習して自分のものにしていきましょう。

第4章では
こんなことを
解説します

▎どんな通貨ペア、投資対象でも通用する取引方法

　第4章では、第3章で解説してきたレンジブレイクを利用した取引方法を、いくつかの違う通貨ペアで細かく見ていきます。

　その実例として、本書のテーマを解説するという点で非常にわかりやすいという点から、ポンドドルとドル円を中心に解説しています。

　ポンドドルは、普段ドル円を中心にトレードしている方には少しなじみが薄い通貨ペアなのかもしれません。

　しかし、ここまで解説してきた方法はＦＸではもちろん、株や先物、仮想通貨などさまざまな取引にも適用できるものです。

　したがって、**ドル円はいわずもがな、ユーロドルでもポンドドルでも豪ドル円でもユーロ円でも、通貨ペアの違いで考え方ややり方が変わるものでもないため、問題なく使っていくこと**ができます。

　また、基本的な取引方法は全く変わりありませんが、例えば急騰でレンジブレイクした後に十字線のような注意すべき値動きになった場合にどのように考えていけばよいのかなど、より実戦で活きる内容も解説しています。

第4章で解説していくこと

●第3章までに解説してきた話の根本には「ダウ理論」があります。
→ FX ではダウ理論の6つの考え方のうち2つを重視します。

●レンジ内で価格が推移している時はどうする？
→レンジ内では取引しません。その代わりレンジの上下にエントリーの逆指値注文を置いてどちらに動いてもよいようにしておきます。だから相場予想は不要なのです。

●レンジブレイク後に高値・安値の更新が止まったらどうする？
→値動きが止まり、新しくできたレンジの上下に逆指値注文を置いて、レンジブレイクが同一方向に継続した際に買い増しまたは売り増しできるようにしておきます。またレンジの反対側には決済の逆指値注文を置きます。

●買いでエントリーしたけどレンジの安値が遠すぎるから
　損切り注文を近づけていい？
→「自分の都合」で値動きの事実を無視、または変えるのは危険です。相場の事実であるレンジの下限があまりに遠いと感じるのであれば、エントリーを控えるべきです。損切り幅が大きいと考えるのは自分の資金上の都合であって、相場に従っていることにならないからです。

●レンジをブレイクしたのにトレンドが続かないのはなぜ？
→見ているのが狭いレンジの可能性があります。時間軸を変えてみるなどしてより広いレンジがどこなのか、を探してみましょう。

●レンジを抜けたのに動きが出ない
→ 2012年からのドル円のように、レンジは必ずどちらかにブレイクします。さらに、レンジは長くなるほどブレイク時の伸びしろが大きくなります。そのチャンスを狙いましょう。

100年以上相場で親しまれているダウ理論は今も有効

▌基本的な事実はどんな金融商品も変わらない

　値動きの本質は「売り手が多ければ下がり、買い手が多ければ上がる」という単純でシンプルなことです。このシンプルで最も基本的な事実に従うと、100年前の考え方でも十分に機能します。

▌100年以上使われ続ける取引技術

　ここまでの解説で、すべてのテクニカル分析の基本が値動きということは十分に理解できたと思いますが、この値動きの分析という観点から見ると「ダウ理論」は無視できません。

　「理論」というと一見難しそうですが、実は本書をここまで読んだ人は、意識しないうちにダウ理論をかなり理解できています。そのために大事なことは何度も繰り返して、いろいろな角度から説明してきたつもりです。

　ダウ理論はFXだけでなく、株でも、仮想通貨でも同じように通用します。相場取引で利益を得ようとするなら、ダウ理論はしっかり理解しておいて損はありません。

　ダウ理論は、チャールズ・ダウ自身がウォールストリート・ジャーナルに発表したものを後の人たちがまとめたものです。

　このため、私の推測ですが6つの法則に優先順位はないものと思われます。実際に日本で翻訳されて紹介される順番と、海外の情報では法則の順番は同じとは限りません。要するに、相場の値動きに関する

図1. ダウの相場に対する6つの考え方

1 The market has three movements
＝市場には3つの動きがある

2 Market trends have three phases
＝市場動向には3つの段階がある

3 The stock market discounts all news
＝株式市場はすべてのニュースを織り込む

4 Stock market averages must confirm each other
＝株式市場平均は互いに確認しなければならない

5 Trends are confirmed by volume
＝トレンドは出来高によって確認される

6 Trends exist until definitive signals prove that they have ended
＝トレンドは明確な終了シグナルが現れるまで継続する

考え方を6つの法則全体で理解するのがよいのだと思います。またこの考え方は6つではなく9つだ、とする考え方もあります。

英語版を読むとよくわかるように、ダウ理論は当時の米国株式市場を念頭に考えられています。当時の米国株式市場は現物取引のみですし、FXのようなデリバティブは想定されていません。ということは、FXとは合わない部分もあり、そこをどのように解釈したり、取りまとめたりするかが必要になってきます。

これらダウ理論の詳細は前著「1日2回のチャートチェックで手堅く勝てる兼業FX」（自由国民社）で触れているので、本書では、**FXに適していると思われる3番目と6番**だけを使って解説していきます。つまり、値動きにはすべてのファンダメンタルズが含まれている（3番目）ということと、トレンドは終了シグナルが出るまで続くからポジションを維持する（6番目）ということです。

「いいポジション」を取るために重要なのはニュースではなく値動き

■ ニュースで値動きに飛びついても勢いは長続きしない

　値動きにすべてのファンダメンタルズが含まれるということは、レンジ相場でニュースが出ても、レンジを超えない限りは動かない、ということです。

　相場が動きにくくなりレンジ相場となると、トレーダーは値動きが小さくなり手を出しづらくなってきます。こうしてレンジ相場が長引くと市場参加者が減り、流動性が低下します。こうした動きが**三角持ち合い**（第5章で後述します）です。流動性の低下したレンジ相場で何かのニュースが出ると、値動きに飢えていた参加者が動いて急激な動きが起こります。しかし所詮はレンジ内なので、その動きは続きません。値動きに反応する人はこうした動きに騙されて「**持たなくてもいいポジション**」を持ってしまいます。

　本書でこれまで解説した値動きのダイナミズムや値動きが起こる仕組みを理解しているトレーダーは、レンジ相場に参加しないでしょう。

■ 長いチャートはニュースでは動かない

　直近の事例をドル円で見てみましょう。

　ファンダメンタルズを意識している人は、中間選挙を控えたトランプ大統領の動向が気になっていたようです。中国、EUとの貿易に文句をつけていて、いずれその矛先は日本にも向くだろう、という憶測があったのでしょう。

　そんなファンダメンタルズ的な背景のあった2018年9月7日の日

図2. トランプ大統領発言前後のチャート

ドル円　1時間足　2018年9月5日〜8日

本時間早朝、米ウォールストリート・ジャーナルにトランプ大統領の インタビュー記事が載りました。大統領は「次は日本だ」と、日本と の貿易赤字解消に向けてアクションを起こすことに言及したとの報道 で、ドル円は下げます。

　著名なトレーダーの中にも「さぁ、円高が来る」という論調の人も いましたが、実際の1時間足チャートは図2の動きです。

　ドル円の動きを1時間足で見ると、午前4時台の110.949から ニュースが出たことで5時台は110.522まで下げます。その後も下 げて110.318まで下げますが、そこからは下がらず結局は上昇して きます。

　ウォールストリート・ジャーナルのようなニュースが出ても、ドル

図3. 長い時間軸で見たときのドル円

ドル円　週足　2018年2月〜9月

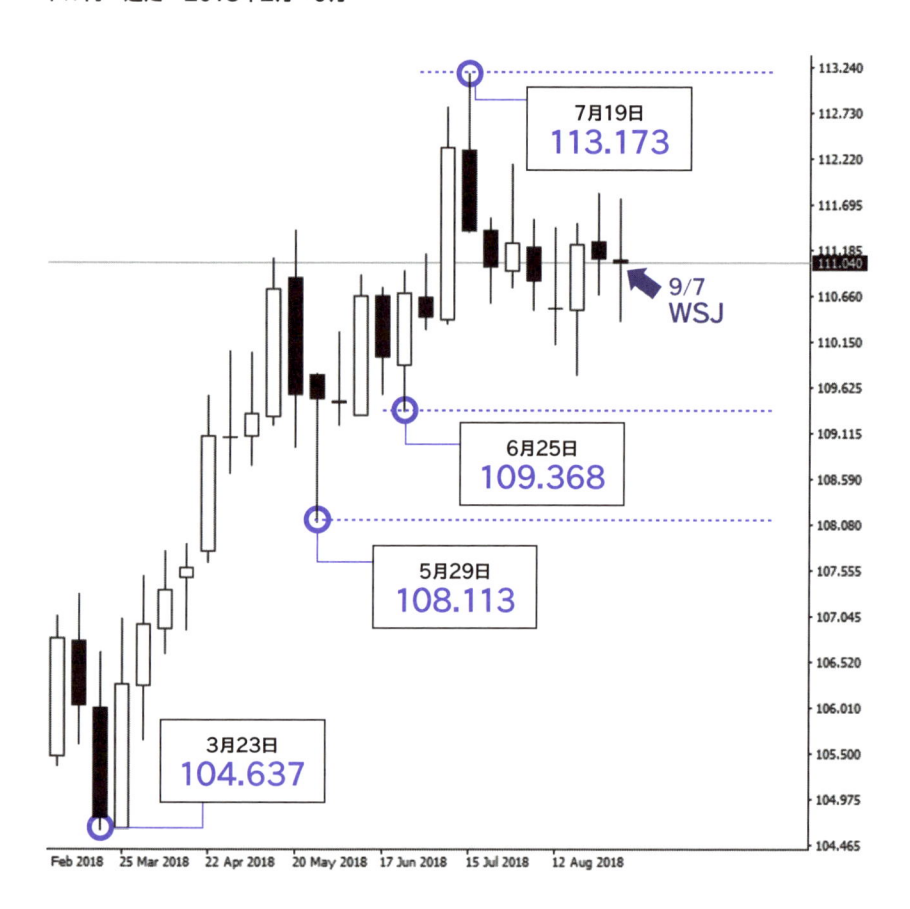

円はあまり動きません。より長い時間軸である図3のドル円週足を見ると、ドル円週足はずっと6月25日と7月19日のレンジ内で推移しています。レンジ相場は売り手と買い手が勢力争いをしていて方向感が定まらないことは、既に説明した通りです。

ダウ理論・値動きを知れば無駄な取引を抑制できる

レンジ相場の真ん中で何かニュースや要人発言が出ても、レンジの

上限や下限には遠く、そう簡単に相場は動かないのです。相場がレンジになるということは、単純な誰かの発言などではなく、もっと大きな要因が値動きをレンジにしています。売り手も買い手もどちらも積極的でないか、両者の力が強く拮抗しているわけですから、そう簡単には動きません。

　ですから、ファンダメンタルズ要因で動くと思って飛び乗ると、あまりいいポジションにはなりにくいわけです。ダウ理論で「**値動きにはすべての要因が含まれている**」というのは、こうしたことを意味しているわけです。

　ダウ理論や値動きの基本を知っていると、こうした無駄な取引を抑制して、利益が得られる確率の高い「勝ち組」が動く場面だけ取引することができることになります。だからレンジを見極めること、値動きを理解すること、そしてそのすべての元になる高値や安値をチェックすることが重要になるのです。

ここが重点！

ニュースなどで急騰・急落しても
レンジ内であれば動きは続きにくい

チャートを追いながら取引する実戦方法を学ぶ

■ 注文は高値安値から少しずらす

　ここからは、ダウ理論を踏まえつつ、ポンドドルを例に実戦の取引方法を見ていきます。まず図4の最初のレンジである10月6日と10月13日のレンジに注目してください。

　厳密には13日と前日安値（A）でレンジとなり、その後のB〜Gで転換を繰り返して結局FとGのレンジになりますが、この部分は今回の本論ではないので説明を省略し、その外の10月6日と13日のレンジで説明していきます。

　レンジ相場がどちらに動くのかは誰にもわかりません。そこで10月6日安値の下（1.30250とか1.30200の付近）には売りの逆指値注文を置き、損切りは10月13日高値の上（1.33400付近）です。同時に10月13日高値の上（1.33400付近）には買いの逆指値注文を置き、その損切りは10月6日の下（1.30250付近）に置きます。

　第3章の図28で説明したように、これでどちらに動いても対応できます。

■ レンジを抜けたら片方の注文を外す

　この最初のレンジは、10月13日高値を11月24日に上抜けます。**上方向へのレンジブレイク**です。これで買いの逆指値注文が執行して買いポジションができます。

　日足なのでブレイクしたといっても慌てることはありませんが、上方向へのレンジブレイクで10月6日の下に置いた売りの逆指値は不

図4. 最初のレンジに注目

ポンドドル　日足　2017年10月〜12月

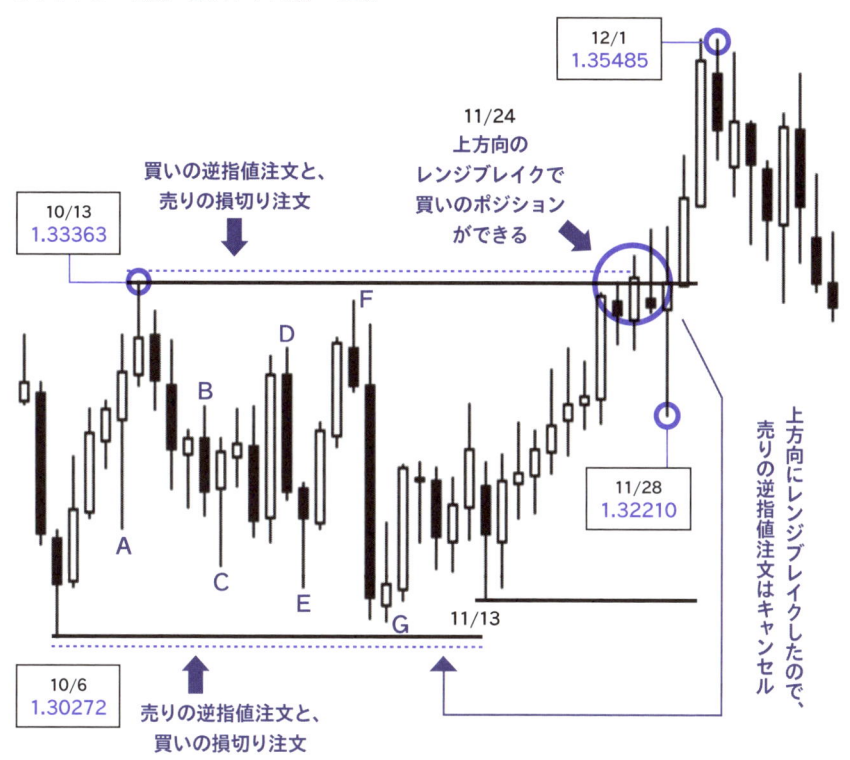

要になるので、売り注文を取り消しておきます。

　レンジを上抜けたということは買い手が売り手より強いということですから、ここから一気に下げて下抜けするとは考えにくいです。また、日足なのでレンジ幅も広く、簡単にレンジの下限まで下げることはありません。このため、下方向に下げる確率がかなり低くなっているので、下方向の注文はキャンセルします。

▍戦略があれば急な値動きにも慌てない

　11月24日にレンジを上抜けた動きは、途中11月28日にザラ場で下げる場面がありますが、11月24日に執行された1.33400付近の

買いポジション（10月13日高値超えの買い）の損切りは1.30250付近（10月6日安値の下）または買いポジションができて直近安値となった11月13日安値（1.30621の下）に移動させていますが、一時的に下げても影響しません。

　こうした急激な動きで慌てるのは戦略がない場合と、チャートを読めない場合です。チャート分析をして適切な損切り（決済）注文を置いていれば、あとは結果が出るのを待つことが大切です。自分の判断で勝手に注文を変えるべきではありません。このときも結局11月28日の動きは一時的で、上昇の動きが続き12月1日高値1.35485まで上昇します。

　その後、週明けの12月4日、高値が12月1日高値を上抜けできず＝高値更新しなかったため、12月1日高値の1.35485が当面の高値となります。高値が決まったため、この高値に対する安値をあらためて確認すると、11月28日が直近の安値であることがわかります。そこで、10月6日の下（または11月13日の下）にあった損切り決済の逆指値注文を11月28日安値の下（1.32100ぐらい）に移動させておきます。つまり、上値が12月1日を再び上抜けない限り、12月1日と11月28日の間で新たなレンジができたわけです（図5参照）。

■「利小損大」ではなく「利大損小」を目指す

　このとき、既に買いポジションを保有しているので、新たなレンジの下限である11月28日安値の下に決済（損切り）注文は移動しました。買い値が10月13日高値の上の1.33400ぐらいですから、もし11月28日安値を下抜けて損切りの逆指値がヒットすると、130pipsの損失が確定します。それでも相場が上昇しているので、当初の10月6日安値に決済逆指値をしている時より損失幅は小さくなっています。

　ここで損失幅を考えて、利益が乗っているからすぐに決済しよう、

図5. 損切りポイントを移動させる

ポンドドル　日足　2017年10月〜12月

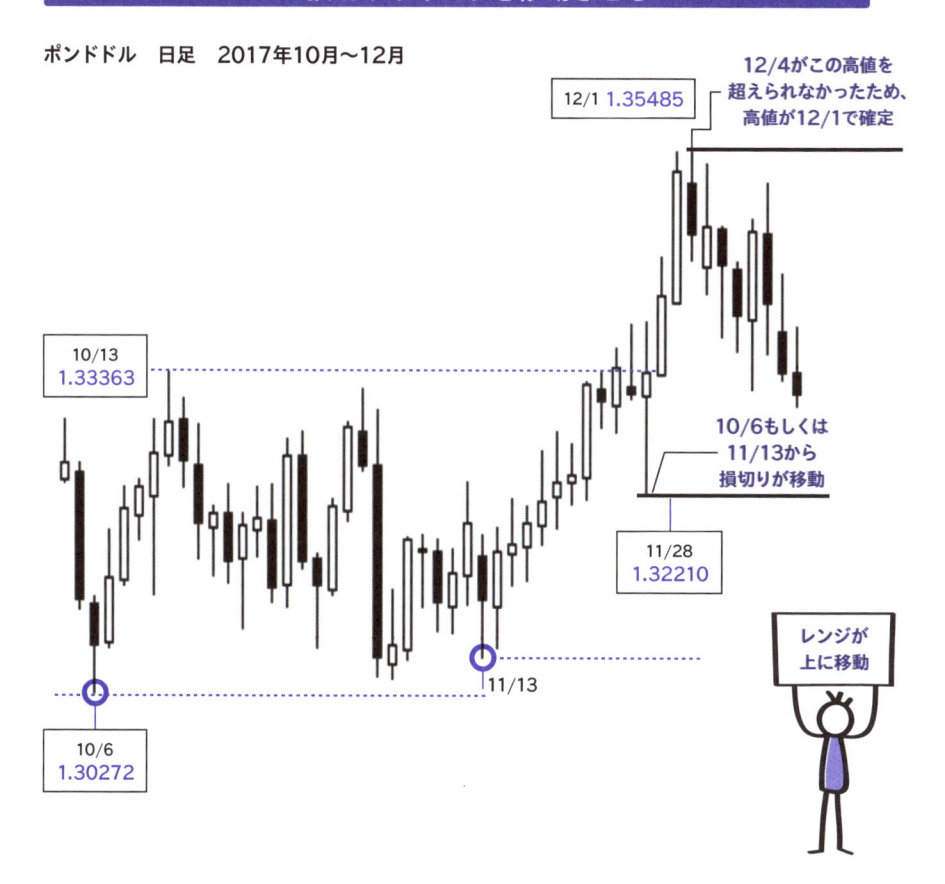

12/1　1.35485

12/4がこの高値を
超えられなかったため、
高値が12/1で確定

10/13
1.33363

10/6もしくは
11/13から
損切りが移動

11/28
1.32210

11/13

10/6
1.30272

レンジが
上に移動

と考えると儲かりません。

　これが「**利小損大**」に繋がります。

　どんなトレードでも損失になることは必ずあります。重要なのは、**損切りが適切なポイントにあったかどうか**と、それによって損失幅が明確で資金管理ができることです。ここを間違えると、いつまでも利益は得られません。

ポジションの追加も
レンジを抜けるか
どうかで決まる

▌ レンジブレイクに合わせてポジションを増やせる

　新たにレンジ（12月1日と11月28日）ができたということは、10月13日のレンジの高値超えのタイミングで逆指値注文をせず買いポジションを持たなかった場合でも、この新たなレンジをブレイクするタイミングで買いの逆指値注文を置くことができます。この新規の12月1日高値超えの買い注文の損切りは当然11月28日安値の下です（図6）。

　また10月13日高値の上で買いポジションができている人は、この2つ目のレンジでも買い注文を置き、上方向へのレンジブレイクに合わせてポジション量を増やすことができます。これがいわゆる**買い乗せ＝ピラミッディング（pyramiding）**です。

▌ 損切り注文を置いたら見守るだけ

　損失幅を心配していようと、そうでなかろうと、ポンドドルは10月のレンジを上抜けて上昇トレンドになっています。ダウ理論ではトレンドはその条件が変わらない限り続くので、11月28日安値を割り込まない限り上昇トレンドが続く可能性があります。

　実際、この12月1日と11月28日のレンジは、12月1日高値から下げますが12月15日に1.33011で下げ止まります。

　トレーダーとしては、10月13日高値超えの買いポジションは損切りを11月28日安値の下に置いて損失を確定させているので、あとは相場がどう動くか、相場の値動きを見守るだけです。相場は自分から

図6. 新たなレンジができた

ポンドドル　日足　2017年8月〜2018年1月

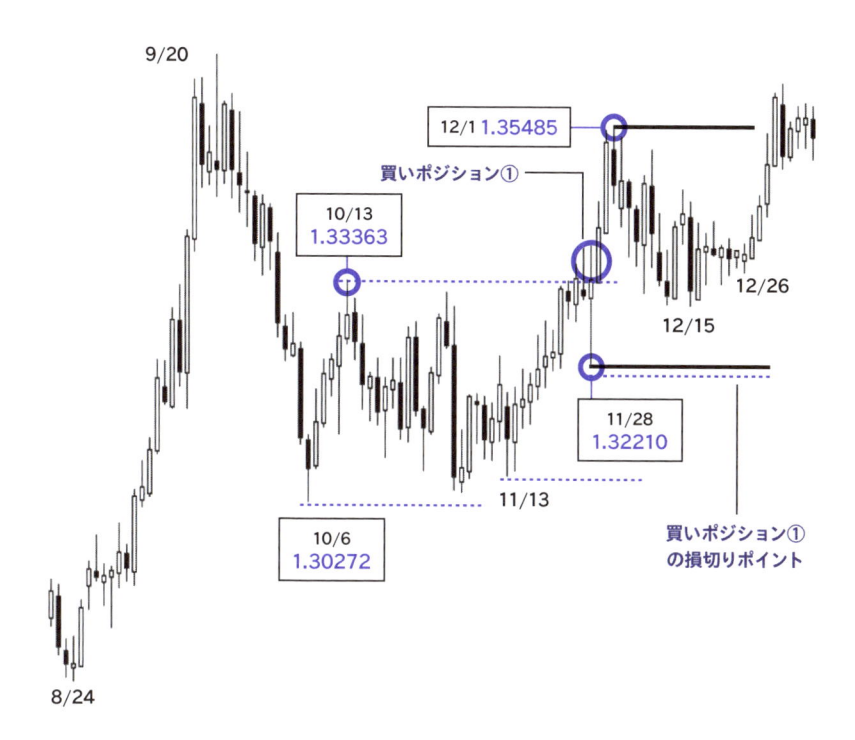

何かアクションを起こして、どうにかできるものではないので、トレーダーは適切な戦略を考え注文を置くだけです。

　2018年になった1月2日、レンジの上限であった12月1日高値が上方向にブレイクされます。これで12月15日（1.33011）が直近の安値となりました。（12月26日が直近安値と考えられますが、クリスマスの特殊な時期です。また、この日は12月15日の値幅内にあるので、12月15日で考えるほうが安全です。）このため、次は12月15日の安値と、この先に決まる高値とで次のレンジができます。このため、損切り注文は11月28日から12月15日安値の下（1.32950ぐらい）に移動させます。

　1月3日は、1月2日高値を上抜けますが、その後は下げて、わず

かですが1月2日の安値も下抜けてしまいます。つまり日足では方向感がなくなりました。ローソク足2本の動きは第2章で紹介した4パターン（53ページ）を思い出してください。

このため1月4日に1月3日高値を更新して上値が伸びないと、ポンドドルは下げる可能性が出てきます。またこの時点で1月3日の高値が確定して、1月3日と12月15日のレンジができます（図7）。

ちなみに、最初の10月13日高値超えでできた買いポジションは、もし12月15日安値の下で損切りの逆指値がついても損失は40pipsほどまで縮小しています。ただ12月1日高値超えでできた買いポジションはまだ損切りまで250pipsぐらいの幅があります。

▌より大きな時間軸でのレンジを意識しておく

1月3日高値は1.36118で、前の高値（12月1日＝1.35485）から約60pipsしか上がっていません。上方向にレンジブレイクしたのにあまり上昇せず、上値が重く感じられます。

この理由は、9月20日高値の存在です。図7にあるように9月20日高値が1.36502で、1月3日高値が1.36118ですから、9月20日高値が意識され1.36台に乗せたことで上値が重くなってきています。つまり、より広いレンジの上限に接近してきたわけです。より広いレンジということは、**より大きな時間軸でのレンジ**ということです。となれば、値動きは売り手と買い手の力関係で決まることから、広いレンジの上限付近では、売りが強まる可能性を考える必要があります。

ここまで買い手優勢で値動きが上がってきても、上に強い売り手がいて上昇が弱まってきているか、この高値を意識して買い手が利確に動いている、ということが考えられるわけです。

▌過去の注目すべき高値安値に罫線を引いておく

このとき、目の前の動きだけを見ていると、9月20日高値の存在を忘れてしまいます。こうした過去の高値や安値などに罫線を引いて

図7. 大きなレンジの上限に近づいてきた

ポンドドル　日足　2017年10月〜2018年1月

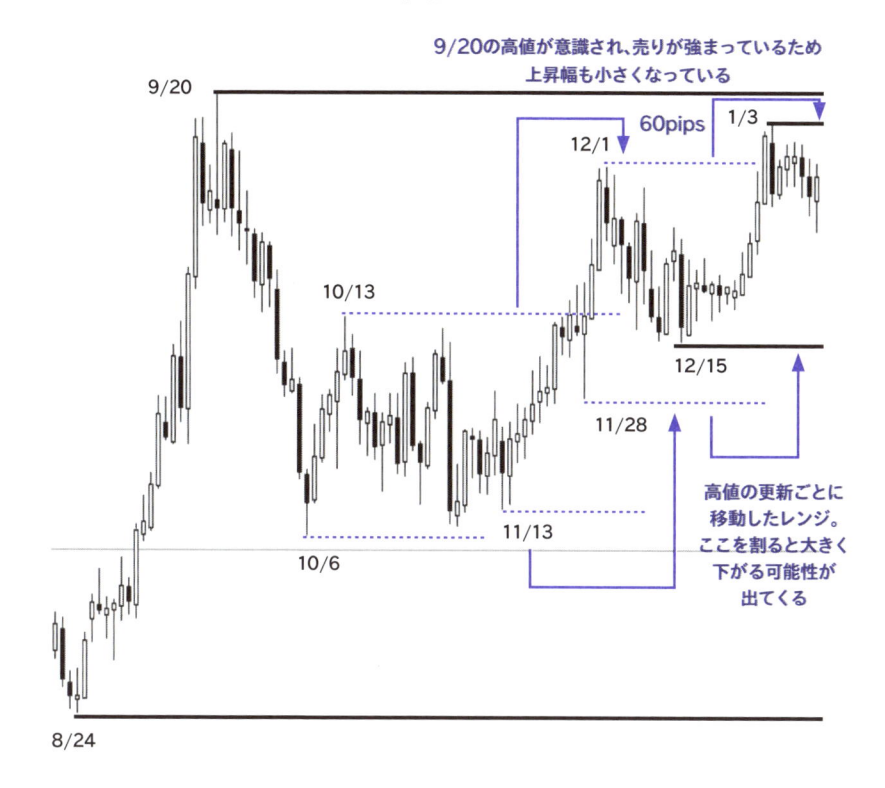

9/20の高値が意識され、売りが強まっているため
上昇幅も小さくなっている

9/20

60pips

1/3

12/1

10/13

12/15

11/28

高値の更新ごとに
移動したレンジ。
ここを割ると大きく
下がる可能性が
出てくる

11/13

10/6

8/24

おくと、そこが売り手と買い手の攻防ラインになるので、値動きがど
うなるかを考えるうえで重宝します。

　このより広いレンジを上にブレイクすれば、10月のレンジブレイ
ク以上に大きな動きに繋がる可能性が出てきます。こうした値動きの
ポイントをローソク足チャートで見つけておけると、効率的で一気に
動く相場に乗ることができるのです。

レンジ突破後の大きく動く場面を狙うと効率よく稼げる

■ 逆指値は大きなレンジ上限に置くという手もある

　1月3日と12月15日でレンジになっているので、オペレーションはこれまで通り、1月3日高値の上に買いの逆指値を置きます。この損切りは、レンジの下限の12月15日の下です（図8参照）。

　また10月13日のレンジブレイクでできた買いポジションや、12月1日のレンジブレイクでできた買いポジションもあれば、さらにポジションを重ねる（ピラミッディング）ことになります。当然資金管理して、証拠金が不足しないことや、12月15日安値の下にすべての買いポジションの損切りが移動しているので、この決済逆指値が執行された場合の損益も計算しておく必要があります。

　ただし、この1月3日高値は前ページの図7のように9月20日高値で抑えられているかもしれません。そこで安全を期するなら、1月3日のレンジの上ではなく、9月20日の高値の上に買いの逆指値を置くことも戦略のひとつとなります。もし、9月20日高値が強力で売り手が強まり、反転するなら、12月15日安値の下でこれまでの買いポジションは全部決済されることになりますから、1月3日高値で新たに買いポジションを加えるより、9月20日高値を超えるのを確かめる方がリスクを抑えることができるわけです。

■ 20日で700pipsの上昇

　一方、1月3日高値1.36118と9月20日高値1.36502で、1.36

図8. 大きなレンジ上限に近づき上値が抑えられている

ポンドドル　日足　2017年10月〜2018年1月

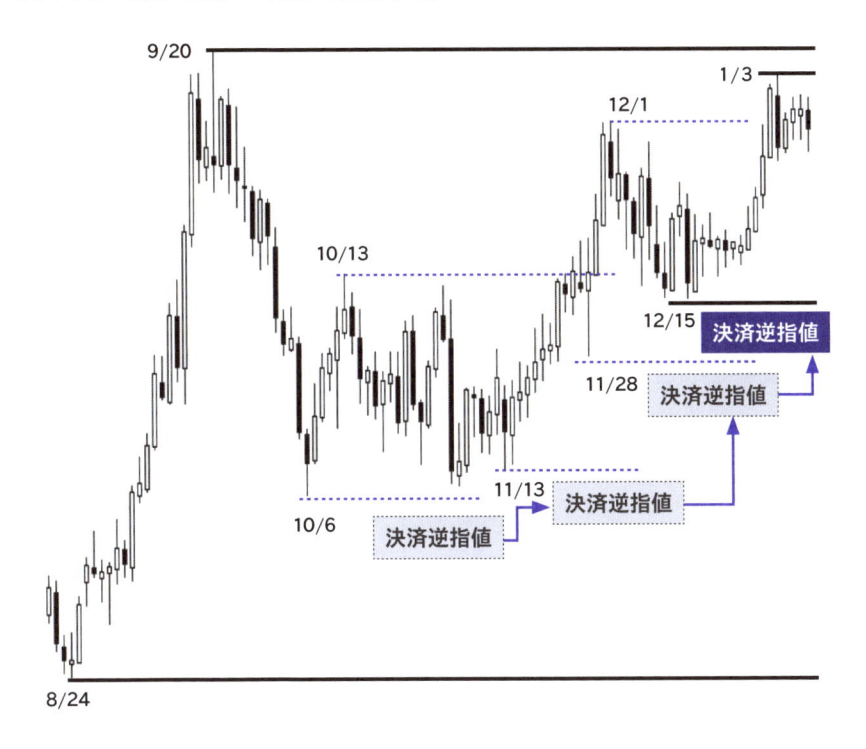

台は上値が抑えられていますが、ポンドドル相場は10月からレンジブレイクを繰り返して上昇してきています。そしてチャートは、12月15日安値1.33011を割り込まない限り上昇する可能性があることを示しています。ということは、12月15日安値を割り込まなければ、上値を抑えている1.36ミドルを突破する可能性があり、ここが広いレンジの上限でもあることから、**上抜ければ大きく上昇する可能性**を秘めています（図8参照）。

　その後、この1月3日高値と9月20日高値は、1月12日に突破します（図9参照）。レンジブレイクです。

　前述の通り、大きなレンジの高値（9月20日）を上抜けたポンド

ドルは、その後1月25日の1.43443まで約700pips急騰します。

　私は日足チャートを見て取引するトレーダーです。日足ベースであれば、毎日チャートに張りつく必要もありません。1日に数回チャートをチェックして、値動きやローソク足を元に戦略を立てて、こうした大きく動く場面を狙って利益が取れれば十分に効率的なトレーディングです。

▌ 高値を上抜けたら損切りの逆指値を移動させる

　図9を見ると1月12日は大きな陽線です。1月3日高値と9月20日高値をこの日に一気に上抜けたポンドドルは、急騰していきます。1月3日高値を上抜けた時点で、直近安値は1月11日の1.34583であることが確定します。ということは、**決済の逆指値をこれまでの12月15日の下から1月11日の下に移動させる**ことになります。これは、何度か繰り返しているので、もう理解できているでしょう。

　決済逆指値を1月11日安値の下に移動させたことで、最初の10月13日高値超えでできた買いポジションは決済逆指値が建値を超えているので、損失が生じる可能性はゼロになりました。しかし、12月1日高値超えや、1月3日高値超えでできたポジションは未だに1月11日安値を下抜けると損失が発生するリスクがあります。それでも、これまで説明してきたように損失は限定されており、資金管理ができていれば問題ありません。

▌ 急騰場面では安値の切り上げに注目する

　ポンドドル相場は1月12日に2つのレンジの上限を突破して急騰を始めますが、急騰の動きは注意も必要です。急騰するということは、売り手が急激に減るか、買いが急激に増えるということです。この場合は、9月20日高値付近には売り手の損切り（つまり反対売買の買い）もあったのかもしれません。

図9. 高値を更新したので損切り注文を移動する

ポンドドル　日足　2017年8月〜2018年1月

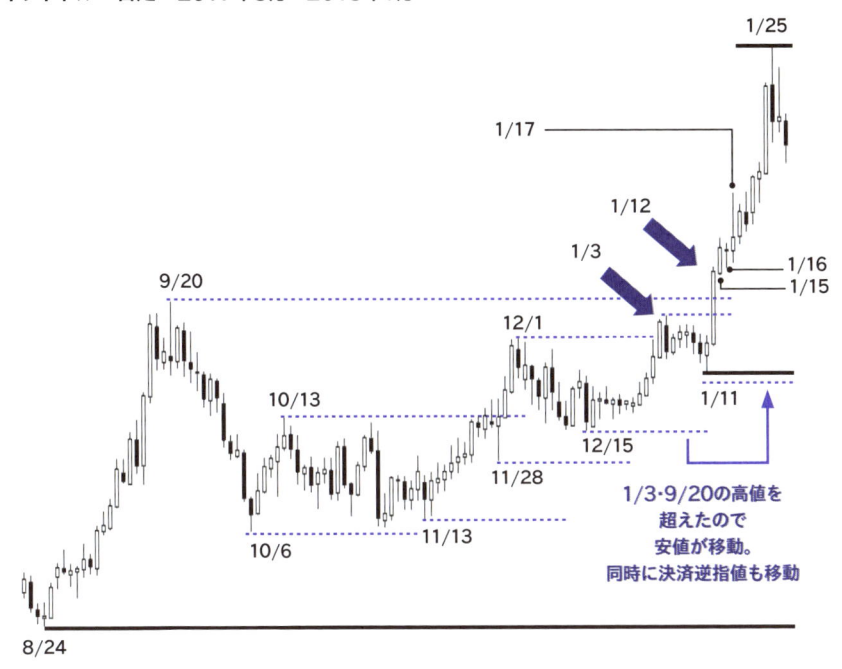

いずれにせよ急激に動けば、利確の動きが出るので、急激な戻りにも気をつける必要があります。ただ、こうした急激な動きや戻しも、ローソク足が目安になるので、こうした急騰場面では高値更新とともに安値の切り上げにも注目すると判断がしやすくなります。

　急激な戻しの動きに警戒する視点も持ちつつ、ポンドドルの動きを追っていきましょう（図9）。1月12日（金曜日）に1月3日と9月20日の高値を上抜けてポンドドルは上昇し、週明けの1月15日も陽線で上昇が続きます。

　しかし、翌1月16日は前日1月15日の高値を上抜けできません。しかし1月16日安値は1月15日より上にあり、安値を更新することもありません。つまり、1月16日は前日の値動きの範囲内で動いていて、少し方向感に迷いが出てきています。前述のように急騰を警戒

するトレーダーが慎重に一部利確したりしている可能性が考えられます。

　こうなると、翌日の1月17日が1月15日高値と安値のどちらを抜けるかが注目点です。高値更新するなら相場は迷いが出たものの引き続き買い手が優勢で上昇しますし、安値更新して下げるようなら利確か売り手が増えて上昇の動きは弱まることになります。

　注目の1月17日、値動きは上昇し1月15日高値を上抜けます。少し細かいのですが、大事なので、図9を拡大したのが図10です。

　1月17日に高値更新したことで、上昇の可能性が続きますが、この上昇はその日のうちに戻されて1月17日の日足は**長い上ヒゲ**になっています。上昇の動きが続きながら、上ヒゲが出るということは、上がったところで強い売りがあったか、買い手の利確決済があったか、ということです。前日同様、急騰の動きを警戒するトレーダーがいる、ということがローソク足から見て取れます。

▌懸念すべき動きがあれば直近高値まで逆指値を移動させる

　急激な動きの後に、その動きに懸念を抱かせる値動きがあれば要注意です。気楽にポジションを放置していると、急速に元に戻ってしまうかもしれません。勢いで動いた投資家が一斉に決済すれば逆回転が起こるからです。

　この事例の場合は急騰しているので、急激に下げる動きになるかもしれません。今はまだ前回の安値更新をせず、安値は切り上げていますが、**十字線の出現や長い上ヒゲの出現**など、買い手が弱まり上値が重くなっている事実があります。

　そこで、このような動きがあれば、収益を確保したり、損失を回避することを考えなければなりません。そこで直近で最後の買いポジションを作った、1月3日高値か、9月20日高値の上に決済逆指値を移動させます。これまで1月11日安値の下に置いていた決済逆指

図10. 急騰後の対応

ポンドドル　日足　2017年12月〜2018年1月

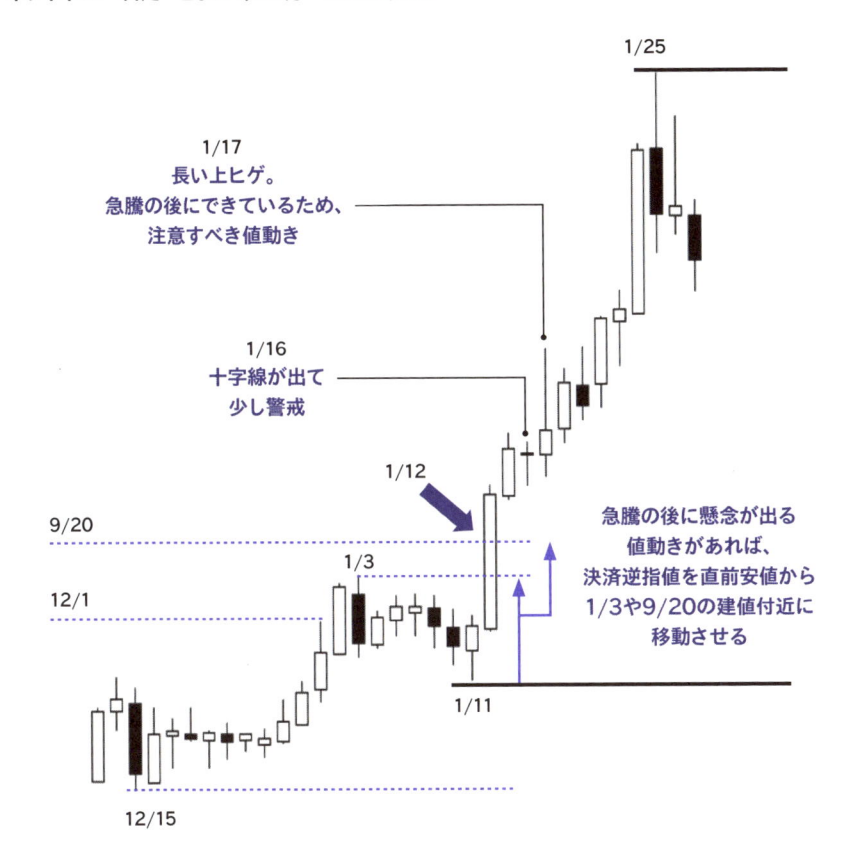

値・損切り逆指値を上にあげて、すべてのポジションで損失が生じないようにするわけです。

　こうすれば、あとは上値が伸びれば利益が増えるだけですし、もし下げても損失は無く、利益だけが残ります。これで精神衛生上も気楽になります。

　ただ、結局このときは上昇が続き、 1月25日には1.43443まで上昇して、11月24日に10月13日高値を上抜けて始まった動きは、約1000pips上昇したことになります。

自分の都合で値動きやレンジ幅を解釈しない

▌長いレンジは「大きく動く準備期間」

　ポンドドルが2017年11月24日から1月25日の約2カ月で1000pipsも上昇した理由は、レンジブレイクです。10月から2か月弱という長期間続いたレンジをブレイクしたことで、大きく動きました。また、この上昇局面の中で、section6で解説した8月24日と9月20日の大きなレンジもブレイクしたことも効いています。

▌レンジが広くても「事実と理論に従う」

　図11のポンドドル日足の動きを見てください。

　2018年1月25日高値をつけた後、翌1月26日高値は前日を更新できません。これで1月25日が高値となる可能性が高まります。ただ、1月25日の安値も下抜けていないので、まだわかりません。そして週明けの1月29日、高値は伸びないまま安値はさらに下げて1月25日の安値を更新してしまいます。これで1月25日が当面の高値として決定します。

　では、このときに1月25日の高値に対するレンジの安値はどこでしょうか?

　チャートを見れば、1月25日高値の直近の安値は、1月11日です。25日高値が1.43443で、11日安値は1.34583ですから、値幅は約1000pipsもあります。レンジ幅が1000pipsあるということは、1月25日高値の上に買い注文を置くと、その損切り注文は約

図11. 事実で安値を探す

ポンドドル　日足　2018年1月

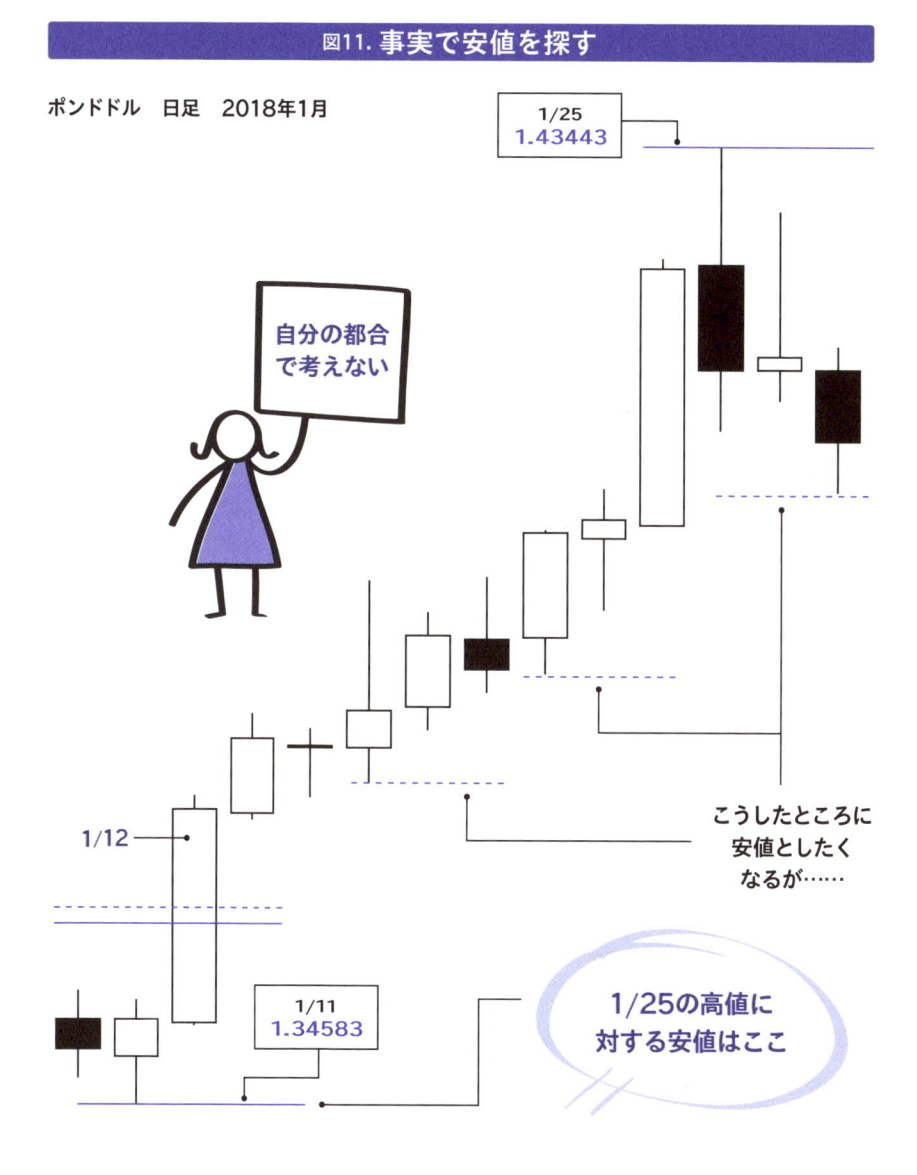

自分の都合
で考えない

1/25
1.43443

こうしたところに
安値としたく
なるが……

1/12

1/11
1.34583

1/25の高値に
対する安値はここ

1000pips下に置くことになります。こうなると、「もし損切りがついたら大変なことになる」と考えて、「どこか途中に安値を置く場所はないか」と考えたくなります。

しかし、これはダメです。

こうした考えは、あくまで自分の資金繰りや思惑による自分勝手な都合であって、相場はあなた個人の都合など考えて動いていません。相場を冷静に分析するには、あくまで値動きの事実に「あなたが従う」ことが大切です。自分勝手な思い込みや、自己都合の解釈は間違った判断と損失に繋がります。

　１月25日高値からローソク足の値動きを遡ると、１月11日まで安値はずっと切り下げています。逆視点で、１月11日から見れば、１月25日まで（正確には１月26日まで）安値は切り上げています。ということは、１月25日と１月11日でレンジになっているのが事実です。

▌ 不都合な事実への対処

　このような不都合な現実にどう対処したらよいでしょうか。
　まず、**相場を休む**という手があります。
　私たち個人投資家の特権は、相場を休めることです。無理なトレードをする必要は全くありません。
　今回のポンドドルの事例のように「レンジが広すぎる」と思うなら、この通貨ペアから離れるのもよい戦略です。相場では臆病であることもひとつの利点で、「君子危うきに近寄らず」ということです。

　次に**冷静に値動きの事実を受け入れる**ことです。
　１月25日の後、ポンドドルは図12の動きになります。１月11日安値と25日高値のレンジは、４月17日に高値更新してレンジブレイクするまで約３カ月間も続きました。
　レンジの値幅が広ければ、レンジの期間も長引きます。
　ということは、レンジの高値安値を正しく見つけられれば、しばらく相場が動かないとか、方向感がないとか、案外すぐに動きそうだ、ということがレンジ幅から推測できるようになります。つまり、すぐ

図12. 広いレンジは期間も長くなりがち

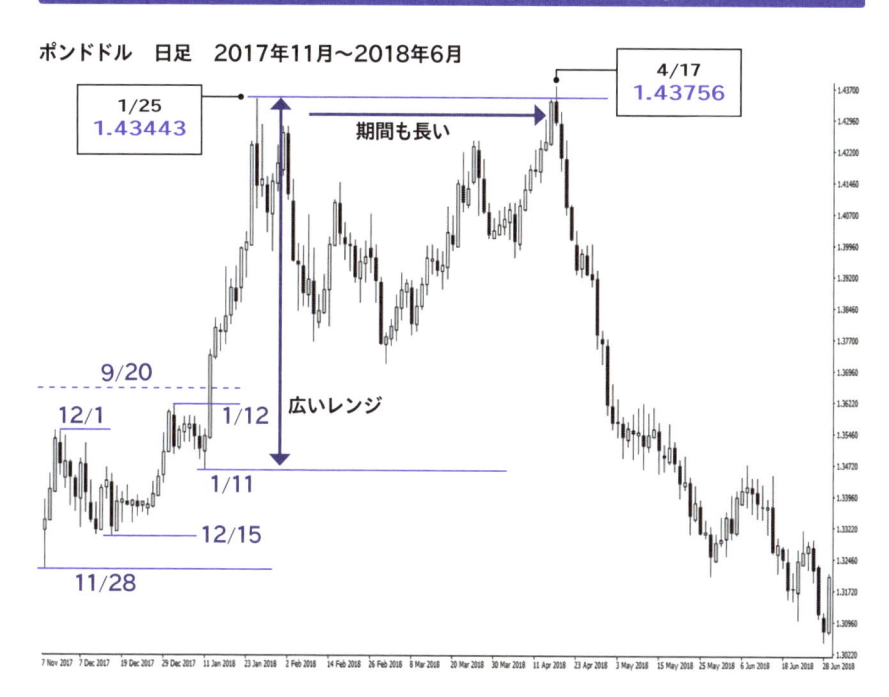

ポンドドル　日足　2017年11月〜2018年6月

に1000pips下げるわけではない、ということです。またレンジ幅が広く、レンジの期間が長くなるということは、その後動き出したときには大きな動きになりやすくなります。

　このポンドドルの事例では、約3カ月のレンジの後、4月17日の高値更新でレンジが変わり、転換点も変わりました。そして、今度は下方向に動き、2018年4月の1.43台から2018年8月の1.26台まで約1700pipsの動きとなりました。

　これまでご紹介のように、ポンドドル日足チャートを読み取る技術があれば、約1年の間に上昇で約1000pips（約10円幅）、下落で約1700pips（約17円幅）の大きな動きを狙うことができます。私たちトレーダーは、こうした大きな動きになる可能性をチャート分析から導いて、動く相場を取りにいくのが仕事なのです。

図13. **大きなレンジの中は方向感が定まりにくい**

ドル円　月足　2015年4月〜2018年9月

▌「元となるレンジはどこか」に注目する

　こうした広いレンジの後には、長いレンジ期間が続くという特徴について、ダウ理論の基本を解説している前著では、ドル円相場を例に次のように記述しています。

> 　本書が発売される予定の2017年12月から2018年以降のドル円は、123.719と98.907でレンジとなっていて、どちらかを抜けるまでは、上がっては下げ、下げては上がる動きになりやすそうです。

　実際、本書を執筆している2018年9月現在のドル円は図13のように123円と98円のレンジの中で方向感を失っています。チャート

に○と矢印で示したように、本来ならレンジブレイクして動くはずなのに、その動きが続かずに「ダマシ」になり、再び逆方向に転換してしまう場面が多くあります。つまり、日足は方向感が定まっていないわけです。

　こうした場面では、チャート分析がわからなくなる人が多く「テクニカルは難しい」と考える人もいるでしょう。しかし、それは近視眼的に目先の動きだけを見ているからです。元となるレンジ、つまり、より大きな高値と安値を見落としているという単純なことが原因という場合も多くあります。方向感が頻繁に転換するような場合は、時間軸を大きくして、より長い時間軸や長い期間のレンジがどうなっているかを確かめることが大切です。

　本書では冒頭のピラミッド図に示すように、「そもそもどうなっているのか」、「元は何なのか」という点から考えることを重視しています。このドル円月足の動きも同様で、図13が月足チャートであることから、かなり長期間にわたりドル円は方向が定まりにくい通貨となる可能性が高いことがわかります。

　では、ドル円は月足が大きなレンジの中だから取引しても利益を得られないか、というとそうでもありません。**値動きのポイントというか節目、または売り買いの勢力分布のような見えないものを押さえることが大事**なのです（これが技術です）。

　ドル円月足が大きなレンジの中で方向感がない、ということは、多くのトレーダーが相場を決定的には傾けにくい、ということです。だから一定方向への動きが続きません。また方向が定まらなければ迷った参加者はどちらにも動きやすい半値に収束しやすくなります。

　こうした値動きやテクニカルの基本的な知識があれば、チャート分析と合わせて動きにくい相場なりに戦略を立てることもできます。

大きなレンジ内は値動きが不安定で儲けにくい

■ 急激な値動きでもいずれは止まる

先ほどのポンドドル日足の動きに戻ります。

レンジブレイクからの急騰によって、1月11日と25日のレンジ幅は約1000pipsもあることになりました。この約2週間にわたる期間は誰もがポンドドルを買っていたわけで、途中に必ずあったはずの買い手の利食いや売り手よりも、ひたすら買い手が強力だった、ということです。

それだけ急激に買いが増えたということは、売り手が大きく減ったということでも考えられます。

何度もいうように、相場は売り手と買い手で成り立っています。相場がどちらかに傾き過ぎて、どちらかに動き過ぎると、売買の相手方が大幅に減るので、相場はそれ以上動けなくなってきます。売り手がいなければ買えませんし、買い手がいなければ売れない、ということです。

また、相場参加者のコンセンサスとして値動きの目標値があると、そこに近づくと値動きが弱まる場合もあります。今回のポンドドルを例にするなら買い手が減る、ということです。逆に目標値付近で強力な売り手が現れることもあります。

いずれにせよ、高値が決まると相場は動きにくくなり、高値が更新されないことで、この高値でレンジの上限ができます。ここで何が起こっていたかは誰にもわかりませんが、結果としてポンドドルでは1月25日が高値となりました。

▌レンジブレイクが取引タイミング

　急激な動きの途中では、今回のポンドドルのように押し目や戻りがありません。ボリンジャーバンドならエクスパンションしている場面がこれです。相場が一気に動くとこうしたことがよく起こります。おそらく、その前にあったレンジ相場で参加者が減り、流動性が下がっていたということもあるのでしょう。レンジ内での取引を控え、レンジ上や下に本書のような戦略を取るトレーダーが多くなり、レンジブレイクでは暴力的に動きます。

　こうなると、トレードの目安となる押し安値や戻り高値がないため、後から新規で買いや売りを始める人は、チャートではなくファンダメンタルズや自分の思惑、相場の情報などで取引する人になってきます。少なくとも、テクニカルの基本を知っている人は、時間軸を下げない限り、ここでは取引できません。なぜなら、既にレンジブレイクでポジションを作っていますし、チャートの値動きが適切な取引タイミングを示さない場面では取引しないからです。

　このような急騰の場面で、上値が重くなって上昇の動きが弱まりそうな兆候があると、買い手は利確決済に動きやすくなります。上昇すると思って買っているわけですから、上値が伸びないなら、利確しておこうと考えるのが当然です。すると相場は買い手の利確で値を下げていきます。また、この下げる動きを見て、高値を背景に新規で売りを仕掛ける人も出てきます。

　こうした高値止まりした動きで、ポンドドルは図14にあるように、1月25日の高値から1月30日安値1.39799まで約360pips下げます。2週間で上昇した幅の約30％を3日で下げる動きです。「急騰後の調整で下落」というコメントがよくされる場面です。

　ここで、値動きのメカニズムを知らない人は、1月30日が押し安

ポンドドル　日足　2018年1月

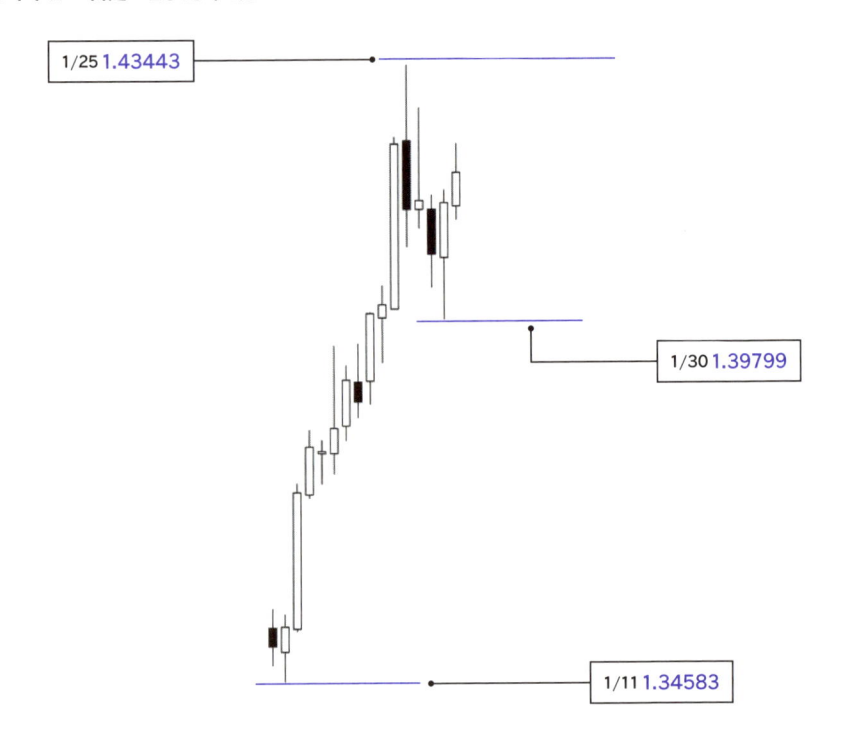

値と考えがちです。つまり、1月31日に1月30日高値を上抜ける動きを見て、1月30日が安値だから再び上昇するだろう、と考えます。

　しかし本書をここまで読んでくると、レンジの下限が1月30日ではなく、1月11日なので、ここはレンジ内で方向感が弱いことが読者の皆さんなら理解できているでしょう。

　買い増ししたいなら、レンジブレイクする1月25日高値を超えてからでないと、いつ下げるかわからないリスクがあります。買いポジションを持った途端に下げて1月30日安値を割り込めば、その分は損失です。レンジ内の不安定な中でポジションを持つので、結果は「運」次第です。

　チャート分析を使うなら、値動きの事実に従って、レンジブレイク

する1月25日高値の上で買うか、1月11日安値の下で売るべきだということです。

なんちゃって値動き分析

1月30日安値が当面の底で押し目安値だと考える人も1月31日高値が30日高値を超える（高値更新）か、31日安値が30日安値を割り込まないこと（安値を更新せず）が必要と考えるでしょう。そうでなければ、さらに下がる可能性も十分にあるので、1月30日を押し安値と考えることができないからです。

すると、もし1月30日を押し安値として買いを考えるとしても、1月31日に前日高値超えでアクションを起こすか、2月1日になって31日の四本値を確かめてからアクションを起こすことになります。その結果が次ページの図15です。

底に思えた1月30日からの上昇の動きは2月2日に前日高値1.42767をわずかに超えた、1.42771までで終わり、一気に下落して1月30日安値を割込みます。

遅れ組が相場のカモになる

なぜ2月2日に急激に、一気に売られる動きになるのか、考えてみましょう。

元々のレンジの始まりである1月11日からの急騰相場で買った人は、1月25日高値で上昇が止まったことをチャート分析で知っています。すると、自分の買いポジションもどこかで利確しないと、建値まで下げてきて利益が取れないというアホなことになりかねません。しかし買い手の利確はできるだけ高い価格でしたいので、1月30日のような安値から買ってくる動きを待ちます。急騰相場では、乗り遅れた人が今回のように少し下げたところで参入してきます。例えば、短い時間軸で取引している人や、テクニカルを知らない人、ヘッドラ

図15. 直近安値が簡単に割れた

ポンドドル　日足　2018年1月〜2月

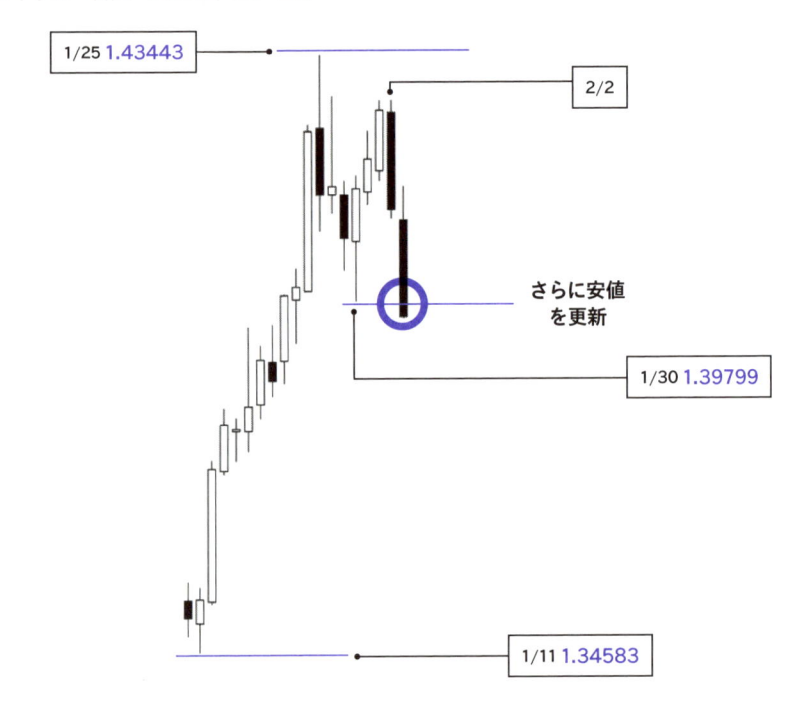

1/25 1.43443

2/2

さらに安値
を更新

1/30 1.39799

1/11 1.34583

インで思惑買いする人が相場を再び押し上げてくれることを待っているわけです。

　そうした遅れ組の人が参入しやすいのは2月1日以降です。なぜなら、1月30日の安値を確かめて、1月30日安値の下に損切りを置いて買い参入するには1月31日に30日の高値を超えるか、31日の四本値を確かめて参入しやすいからです。

　このため、急騰前から買いポジションを持っていて利確タイミングを待っている人は、2月1日に上昇して1月25日高値に近づいたぐらいから一気に決済売りを仕掛けます。今回はそのピークが2月2日だったのでしょう。

相場が大きく動いた後に、明確なテクニカルな根拠がなく参入すれば、既に十分に利益が乗っている人たちのカモとなりやすいのです。レンジ内での新規取引にリスクがあるのは、こうした既にポジションを持っている人の利確決済で急激に、一気に動きやすく、新規参入は逃げにくいということもあるのです。

▌大きな値動きは大きなポジションを示している

今回のように大きく上昇したということは大量の買いポジションができています。これらが利確に動けば強力な売り圧力です。ということは、**下手に後から買い参入して値を上げても、レンジ内であれば強い売りで一気に潰されてしまう可能性**があるのです。

欲が抑えきれず、どうしてもこうした場面で取引したいなら、時間軸を下げ、その代わりチャートに張り付いて値動きを見て、すぐに逃げられるようにしておかなければなりません。

私にとってこうした取引は労力とリスクの割に、値幅が小さく、旨味が少ない取引に思えるので、積極的にこうしたレンジ相場で取引しようとは思いません。

実際、このときも上昇の動きは2日で急落して1月30日安値を割り込みます。1月30日安値が多くの市場参加者が意識するレンジの下限であれば、そこには厚い買いがあるはずで、こんなに簡単に下抜けしません。ここで買った人が少ないから一気に下抜けてしまい、つまりここをレンジの下限とした判断がチャート分析として合っていない、ということを示していることになります。

▌レンジ相場は不安定相場

引き続きポンドドル日足の動きを見ていきます。

2月5日に1月30日安値を割り込んだところで売れば儲かる、と

図16. 2月9日が安値になるためには

ポンドドル　日足　2018年1月～2月

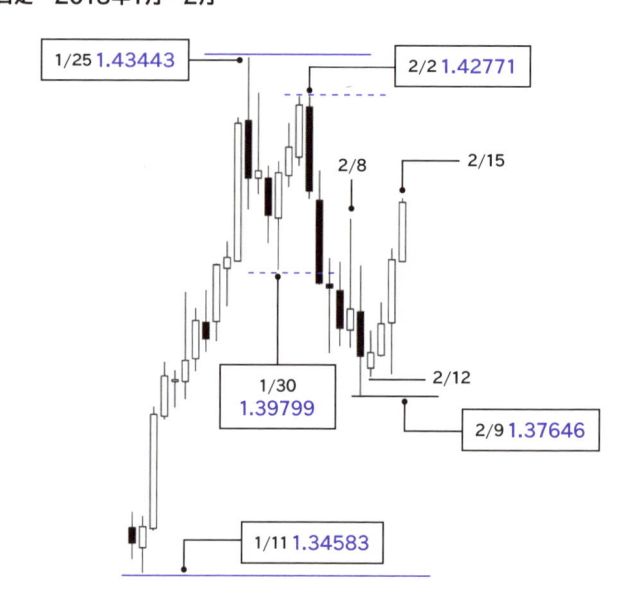

考える人もいるでしょう。確かに１月30日の安値を割り込んだので、相場は下げ続けているように見えます。また１月30日から上昇した動きが２月２日で反転して下げてきたので、１月30日安値を割ったことで、上向きになった動きが直近安値を割り込み転換して下落する、と考える人もいるでしょう。

　しかし、ポンドドル日足は１月11日と１月25日の間で大きなレンジです。レンジ内なので、いつ動きが変わるのかは誰にもわかりません。とても値動きは不安定な状態にあるのです。

　１月30日安値を下抜けた動きは、図16のように２月９日の1.37646まで下げます。しかし当時、この２月９日で下げ止まったことは、２月15日にならないとわかりません。

図17. 拡大すると

ポンドドル　日足　2018年2月

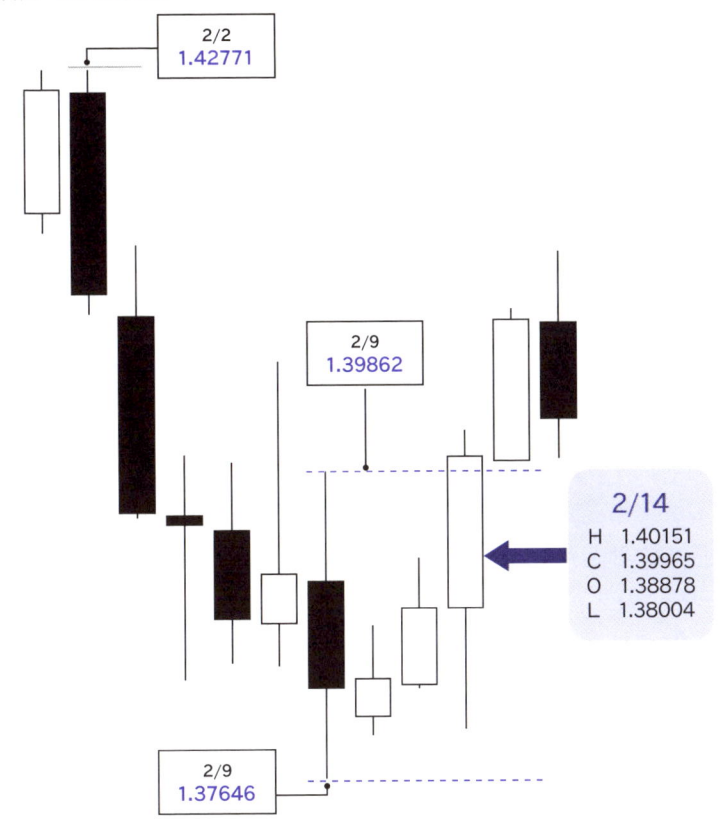

2/2
1.42771

2/9
1.39862

2/14
H　1.40151
C　1.39965
O　1.38878
L　1.38004

2/9
1.37646

　もっと正確にいうと、２月14日終値が確定してからです。この理由をおさらいすると、2018年２月９日は金曜だったので、週明けの動きですが、２月12日は９日の高値と安値の間で推移しました。第２章で解説した２本ローソク足の位置関係のパターンＤになっています（53ページ参照）。

　つまり２月９日高値と安値のレンジ内で12日の動きがあります。そして翌13日も９日のレンジ内で、14日になってやっと、９日高値

を上抜けます。しかし14日はその後ももしかしたら急落して、9日安値を下抜けるかもしれません。

　したがって、パターンBになる可能性が残っています。よって14日終値が確定した15日にならないと、9日が当面の安値であることが確定しないのです。15日になり9日と14日でパターンAの形になったことが確かめられて、上昇の動きと、2月9日安値が当面の安値であることが確定します。

▍レンジ内の取引は難しい

　2月2日から下げてきた動きで1月30日の安値を割り、逆指値注文が執行されて売りポジションを持った場合、その損切りは当初2月2日高値の上に置くことになります。そして2月9日まで下げますが、ここで相場は下げ止まります。そこで損切り決済は、2月2日から直近高値の2月8日に移動させるでしょう。

　トレンドが下向きなら、この2月8日高値をつけることなく下落の動きが続くはずです。しかし現実は、2月15日に2月8日高値を上抜けてしまいます。1月30日安値割れで売ったポジションは損失を生むということです。

▍上がると売りが待っているということは？

　1月30日安値の上にある2月8日高値超えで売り手の損切り（＝反対売買の買い）が執行して価格が上昇したところで、16日に相場は再び一気に下げます（図18）。これは2月2日に前日高値を少しだけ超えたところで急激に売られたのと似た動きです。

　1月25日に高値をつけてから数週間が経過している中で、依然として1月25日高値を上抜ける動きにならないということは、買いポジションを保有している人はどこで売るか、どれだけ高いところで買いポジションを閉める（決済する）かに注目しています。そうした買

図18. レンジの上限が強力

ポンドドル　日足　2018年1月〜2月

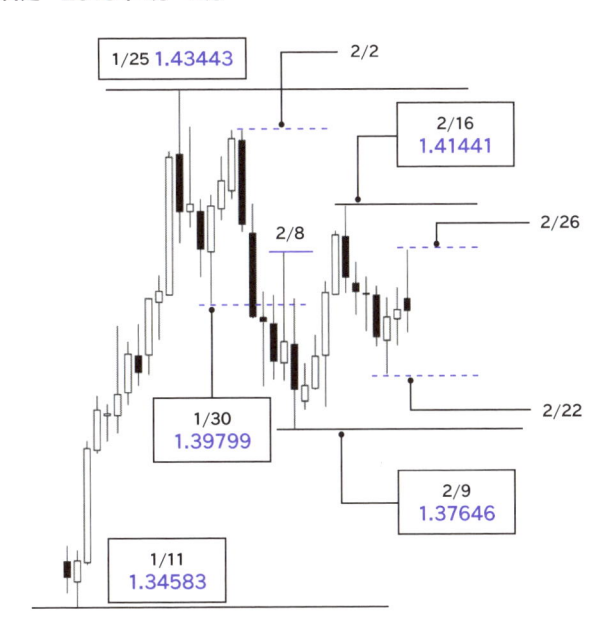

い手からすれば、レンジ内の高値を超えて上がりそうなところや、途中から遅れ組の買い手が増えそうなところが格好の売り場になります。2月16日もそうした場面だった可能性が高く、ここで売りが多く出た模様です。また売り目線の人も、価格が上がれば売ってきます。1月25日高値をレンジの上限として売る人からすれば、戻り高値は売りを仕込むポイントです。

　ただ、これらの買い手も売り手も明確な戦略なく取引している人たちです。逆指値で戦略的トレードするのではなく、成行で取引している人が多いはずです。そうでないと、こうした値動きに対応することは難しいからです。

▍狭いレンジ内は不安定な取引

　この2月16日からの下落の動きは、2月22日の1.38570で下げ

止まります。2月9日安値を割っていないので、この先2月16日高値を上抜けると、高値更新、安値切り上げとなり上昇の動きとなる可能性があります。

この時点で整理すると、最も広い1月11日と25日のレンジの中に2月9日と2月16日のレンジがあり、さらにその中に、2月22日と2月26日のレンジができています。その後は、2月28日に22日安値を下抜けて、下方向へ動き出します。この日の下落の動きは広いレンジの下限2月9日安値も下抜けて、翌日の3月1日には1.37118まで下げます（図19）。

ここまでの値動きを見ると、高値は1月25日、2月2日、2月16日、2月26日と切り下げ、安値は1月30日、2月9日、3月1日と更新していて、1月25日の高値以降、ポンドドルは1月11日とのレンジ内で下落トレンドになっていることがわかります。

▌高値安値に迷うなら、より長い時間軸も見てみる

値動きを細かく見ることで、ポンドドルは1月25日以降、高値を切り下げ、安値を更新していて、1月11日と25日の約1000pipsの広いレンジの中で、緩やかな下落トレンドになっていることがわかってきました。

1月25日以降、確かに高値は切り下げていますが、2月8日と16日を比較すると値は上がっています。また22日は9日より高くなっています。

では、こうした動きに惑わされないためには、どうしたらよいのでしょうか。

まず大事なのは、**大きなレンジを把握すること**です。

冒頭から書いているように、元々このポンドドルでは1月11日と1月25日が大きなレンジなので、このレンジ内では方向が定まりにくいということを常に意識して値動きも警戒しておくことが大事で

図19. 安値更新

ポンドドル　日足　2018年1月〜3月

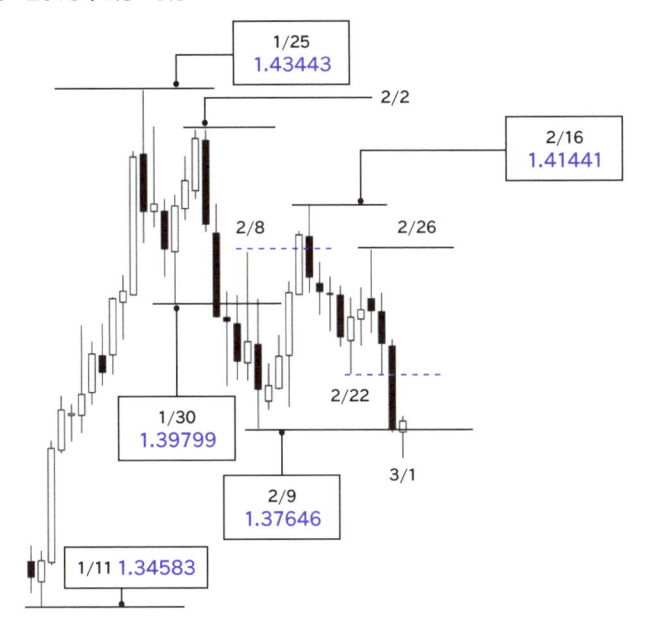

す。

　また日足チャートの動きを何本か束ねて高値安値を見て相場の流れを判断しているということは、こうした高値安値になる価格はより長い時間軸、この場合は週足でも高値安値になっているはずだ、ということです。

　そこで、この1月から3月の値動きを週足で見ると、ヒゲでつけた高値安値で判断を惑わした2月8日高値（1.40654）、2月22日安値（1.38570）は、日足では高値や安値になっているものの、週足ではそうではありません。つまりこれらの日足の高値や安値は、週足ではローソク足の中にある、ということです。

　相場では時間軸が長い方が強いので、値動きの判断に重要な高値や安値も日足だけより週足でも同じ高値や安値になっている方が信頼性

図20. 再び転換点超え

ポンドドル　日足　2018年1月〜3月

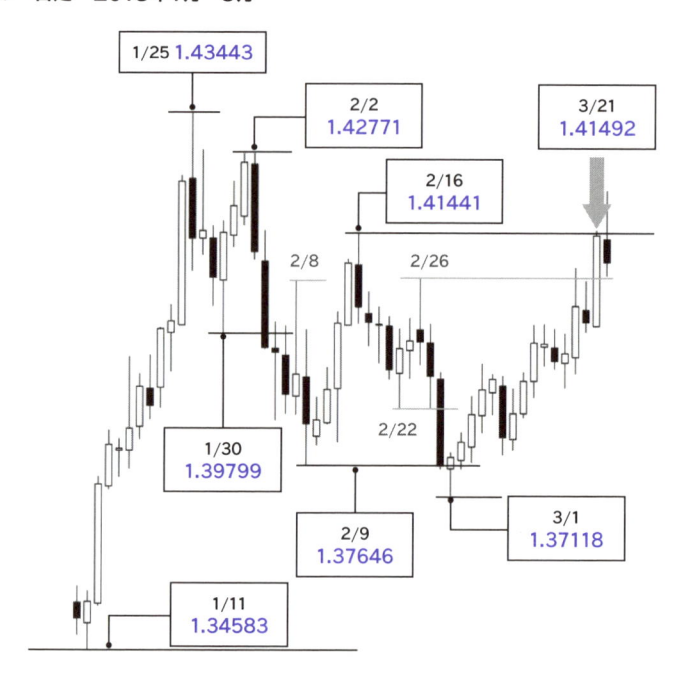

も高くなります。こうしたより長い時間軸を加えた視点でチャートを見ることで、判断ミスを避けることもできます。

▌時には儲かることもある

　週足と重なる2月2日高値と2月9日安値のレンジは、前述のように2月28日に下へブレイクします。そして翌3月1日に1.37118の安値をつけた後、今度は相場が急反転します。

　3月1日を安値とすると、2月26日高値か2月16日高値がレンジの上限になり転換点となるので、ここを上抜けると下向きだったトレンドが転換して上昇の動きとなる可能性があります。

　その後もポンドドルは上昇して、3月21日高値は1.41492をつけ

図21. 3/1安値に逆指値注文

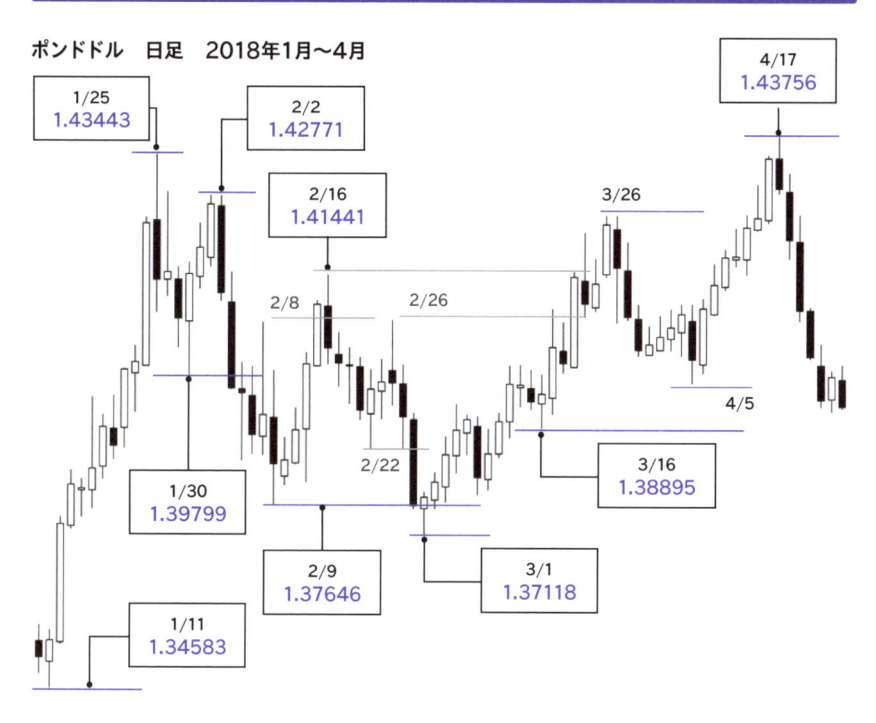

ポンドドル　日足　2018年1月〜4月

ます。この高値は、３月１日安値とのレンジの上限である2月16日高値1.41441を超えています。

　つまり、２月９日安値（1.37646）を割ったところで逆指値してできた売りポジションは、レンジの上限（2/16）で損切りとなり、360pips以上の損失となります（図20）。

　ここでレンジを上抜けたので、この２月16日高値の上に逆指値の買いをしていた場合は、図21のように直近安値となる３月16日安値に損切りの逆指値を置くことになります。その後もダウ理論に従い買いポジションを維持していれば、４月16日には1月25日高値と同値の1.43443まで上昇、17日には1.43756まで上昇して200pips程度の利幅を取ることができます。

大きなレンジ内では労力の割に儲からない

ポンドドル日足でレンジの上限1月25日高値から、高値更新される4月17日まで大きなレンジ内でトレードした場合どうなるかを考え、頻繁に方向が変わったり、オーダーを変更したり、損切りがついたり、いろいろなオペレーションをしてきました。

しかし、トータルの収益がどうなるかを見てみると、労力の割に思ったほど儲かっていません。これはこの期間が大きなレンジ内で方向が定まらずトレンドが続かないからです。前述のように相場で利益を得るにはトレンドに乗り、できればレンジブレイクのたびにポジション量を増やすことができれば効率的です。しかしトレンドが続かないと、頻繁にオペレーションする割に利益になりにくいのです。

広いレンジになったら取引を休む

本章で説明してきたポンドドルの動きは日足なので、時間軸を1時間に下げるなどすると、1時間足ではレンジではなくトレンドとなる場面も出てきます。しかし、時間軸を下げるということは、利幅が狭くなるうえ、前述の通り、ずっとチャートを見て値動きを追う必要があります。

1時間ごとに出るローソク足の価格を確かめる必要があるからです。ということは、自分の普段の生活スタイルの中にあるトレードとは違うことをしなければなりません。

違うことをすれば、ミスも出やすく、しかも利幅が小さいとなれば、私には魅力はありません。つまり、153ページで書いたように、こうした広いレンジになったらチャンスが来るまで取引を休む方が賢明だということです。

昔から「待つのも相場」、「休むも相場」という相場格言があるように、勝ち組の人は無理な取引をせず、チャンスがないときには取引を

休んでいた、ということなのではないでしょうか。そして、その休むべき相場がこうした広いレンジが続く場合なのだと思います。

　自分の時間軸でトレンドが続かないとか、往復ビンタを食らっているような場合、少し広い時間軸で値動きを見直してみることが大切です。

　こうすることで、大きな流れを見つけることができ、迷いが減りますし、リスクを減らすこともできます。値動きと時間軸がトレードにはとても重要なのです。

レンジ相場の特性

❶ レンジの値幅が大きければ
レンジの期間も長くなる

❷ レンジの期間が長くても
レンジは必ずブレイクする

覚えておこう!!

❸ レンジの期間が長ければ
ブレイクしてから大きく動く

強力な上昇相場が
いきなり崩れることは
めったにない

▌1月11日から安値が11本も切り上げた

　本章で解説してきたポンドドル日足は1月11日から1月25日への強力な上昇の動きがあって、その後は4月17日まで大きなレンジが続きました。3カ月弱に及ぶ広いレンジは4月17日の上抜けが**ブルトラップ**となって、そこから下落に転じます。

　こうした動きの元は、図22で示したように1月11日から1月25日への強い上昇があってこその動きです。

　1月11日からの日足の安値を見ると、日足は11本も安値が切り上げ続けています。高値は更新しなかったり、陰線（1月19日）が出たりしますが、安値はずっと切り上げています。これは上昇過程で利確決済がありながらも、前日安値を割ることなく、ずっと上昇が続いたことを示しています。つまり、それだけ強力な上昇の動きだったわけです。

▌買いが強ければ下げたところで再度買われる

　それだけ強力な買い相場になると、多くの買いポジションができていることになります。11日営業日連続で安値を切り上げた上昇が続き、1000pipsも相場が上昇した大量の買いポジションが一気に解消されることは稀です。よほどの重大ニュースが出ないとそうした急変は起こりません。買いが強ければ下げたところでは、再び買いが入りやすくなるからです。

図22. 安値切り上げの履歴

ポンドドル　日足　2018年1月

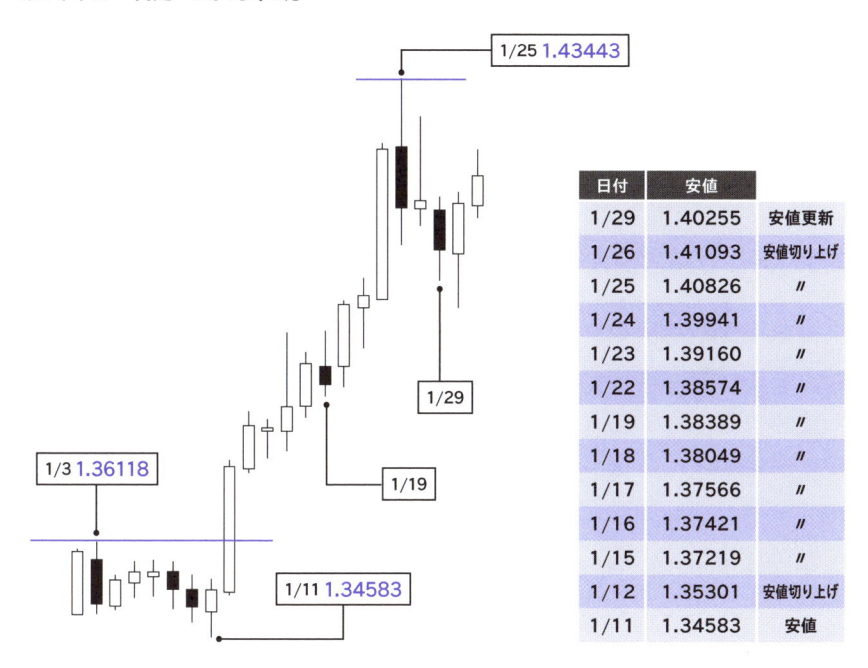

日付	安値	
1/29	1.40255	安値更新
1/26	1.41093	安値切り上げ
1/25	1.40826	〃
1/24	1.39941	〃
1/23	1.39160	〃
1/22	1.38574	〃
1/19	1.38389	〃
1/18	1.38049	〃
1/17	1.37566	〃
1/16	1.37421	〃
1/15	1.37219	〃
1/12	1.35301	安値切り上げ
1/11	1.34583	安値

1月25日が高値になったということは、ここでは売り手が優勢なわけですが、それが新規の売りだけとは限らず、買い手の決済も含まれています。このため、ポンドドル相場は3月1日まで下げますが、下げ足は緩やかで一気には下げません。だからレンジ内で長く動くことになります（161ページ図21参照）。

その後3月1日から4月17日に向けては上昇の動きが続きます。これは買い手の決済や新規の売りポジションより新たな買いが増えたことを示しています。1月25日以降の下落で、買いの決済で売った人が再び買いに転じたかもしれませんし、相場が下げないことから、もう一段の上昇を見込んだ買い手が入ったのかもしれません。こうした動きもあってレンジは長い期間継続することになります。

ドル円でも
レンジブレイク後に
20円近く動いた

▎レンジの期間が長くても、レンジは必ずブレイクする

　ブレイクしないレンジはありません。レンジが長くなってくると我慢できずに無理な取引や、自分のスタイルと違う新たな取引方法を試して損失を拡大する人が多くいます。中にはトレンド相場で得た利益以上の損失となる人もいて、こうしたオペレーションをする人は相場で生き残れない確率が高くなります。

　私の記憶にある長いレンジは、2013年にアベノミクスが始まってからのドル円です。このときは二段構えのレンジが1年半ほど続きました。次はこの値動きを追っていくために図23のドル円週足を見ていきましょう。

　ドル円は2011年10月31日安値75.57が史上最安値です。

　その後も70円台80円台の超円高水準で推移していますが、2012年11月16日に民主党・野田佳彦首相が衆議院を解散。当時野党の自民党安倍晋三総裁がアベノミクスを提唱し、12月16日の総選挙で自民党が政権を奪還しました。

　金融市場では、ここからアベノミクス相場が始まり、2013年4月4日に日銀の黒田総裁が異次元緩和を発表。これでドル円相場は5月22日の103.773まで上昇します。しかし、ここを高値とするレンジは12月13日まで約半年以上続きます。この間、ドル円週足は上値が5月22日の103.773、下値は6月9日の93.781で約10円幅のレンジです。

図23. 2つの長いレンジがあったドル円

ドル円　週足　2012年〜2015年

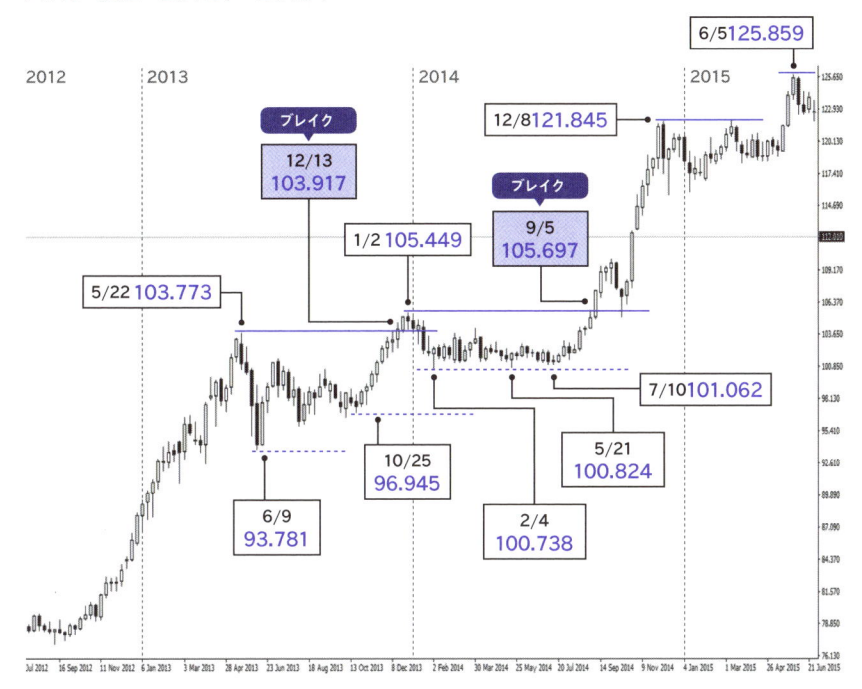

　このレンジは12月13日に高値を上抜けて103.917まで上昇しレンジブレイクしますが、新年となった2014年1月2日高値105.449で再びレンジになります。このときの下限は10月25日の96.945で約9円幅ですが、1月2日以降の安値は100円を割らず、実質は5円程度のレンジでした。このレンジは9月5日に1月2日高値を9か月ぶりで上抜けてレンジブレイクしています。

▌レンジブレイクで20円動いた

　最初のレンジが約半年、すぐに続く2つ目のレンジは9か月続き、実質的には2013年4月から2014年9月まで約1年半にわたる、二段構えの気が遠くなるようなレンジでした。

図24. 値動きは金融緩和の前から上昇

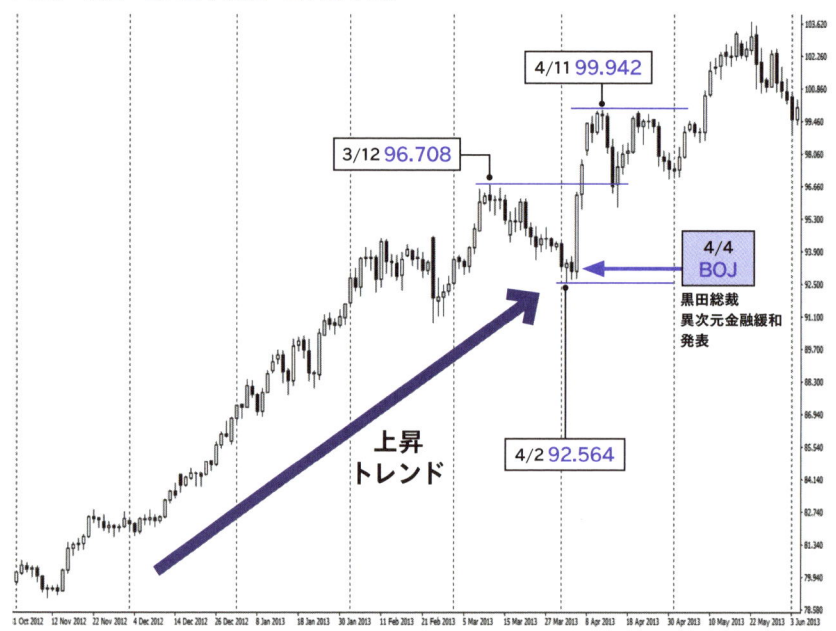

ドル円　日足　2012年10月〜2013年6月

しかし、その後ドル円相場は、レンジブレイクから1年しないうちに125円台まで約20円も上昇します。レンジで無理にポジションを取らなくても、待っていれば、20円の動きを取れるわけです。

　ちょっと脱線しますが、日銀の異次元緩和でドル円が急騰したイメージを持っている人も多いですが、実際は違います。ダウ理論にあるように、相場は先にさまざまな要因を取り込んで動き始めています。図24のドル円日足を見ると、値動きはこの日銀緩和というイベントで動き出したのではなく、既に上昇トレンドの動きができている中だったということに、テクニカルを使う意味があります。

▌一度目に乗り遅れても十分チャンスはあった

　また2回目の追加緩和は2014年10月31日に発表されます。先ほ

図25. 一度目に乗れなくてもチャンスはある

ドル円　日足　2014年5月〜2014年11月

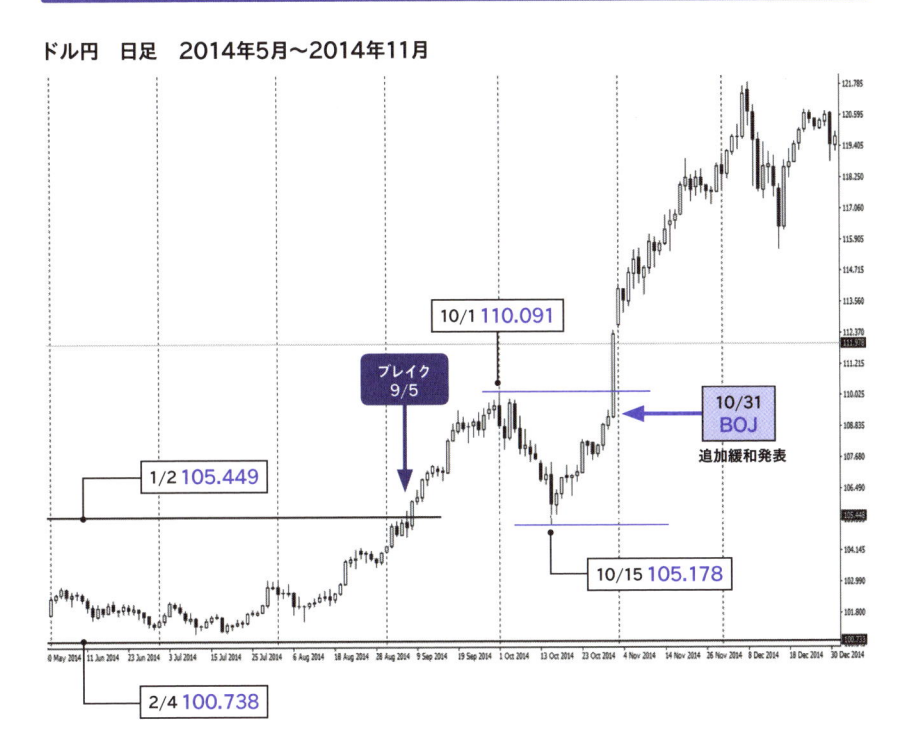

どの図23にあるように、2013年10月25日安値と2014年1月2日高値のレンジがずっと続いていますが、2014年に入ってからは2月4日の安値を下抜けず、実質は1月2日と2月4日のレンジになっていました。

この動きは、9月5日にレンジブレイクして上昇していきます（図25）。その後10月1日高値で上昇が止まり、そこからの下落も10月15日で止まります。そうした中で日銀の追加緩和が発表され、大きく上昇します。

既に9月5日に長いレンジをブレイクしているので、大きく上昇する可能性がありますから、9月5日のレンジブレイクに乗れなかったとしても、10月1日高値の上に買いの逆指値を置いておけば、黒田バズーカ２と呼ばれる追加緩和の動きを取ることができるのです。

テクニカルが効かない
わかりにくい相場なら
撤退していい

▌テクニカルを信奉しすぎてもいけない

　テクニカル分析の法則が上手く働く例を見てくると、テクニカルで相場が動いているように錯覚してしまいがちです。

　しかし、これは間違いです。第1章で説明したように、相場はまず値動きありきです。売り手と買い手が攻防した結果としての値動きがあって、売り手と買い手の力関係をチャートから探しているのに過ぎません。値動き分析やテクニカル分析はそれ以上でもそれ以下でもありません。あくまで値動きの事実から相場を考える手立てとしているだけです。

　テクニカルは、相場を動かしている多数派を見つけ、それに乗るための道具であって、多数派が明確でない場面での取引は損失のリスクが高まります。だからこそレンジ内の取引は勧められないわけです。

　本書のようなテクニカル本は、上手くいった事例しか掲載しない傾向があり、私も初心者の頃とても迷いました。現実はそんなに上手くいく事例ばかりではないので、**迷いそうな事例、テクニカルが上手く使えない事例**をここで紹介しておきます。

▌大きな流れではポンドが売られていた

　ここではポンド円の動きを見てみます。図26は161ページで示したポンドドル日足の図21と同じ2018年1月11日からの動きです。

　ポンドドルの図21では1月11日安値と25日高値のレンジが約3カ

図26. わかりにくいポンド円の例

ポンド円 日足　2018年1月〜8月

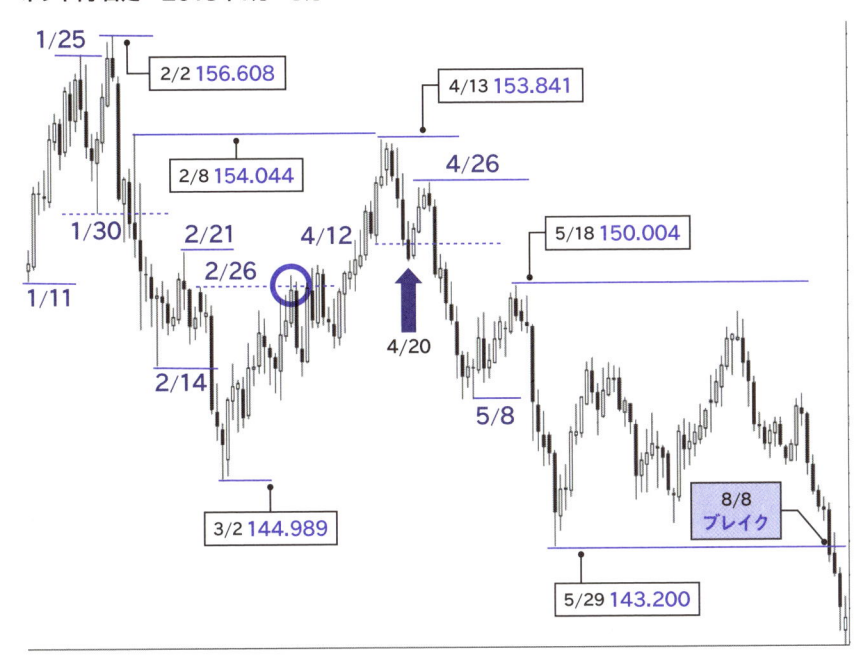

月続いてから、4月17日に一度レンジを上抜けて、ブルトラップに
なってから下げていきました。一方、こちらのポンド円は年初から上
げたり、下げたりの動きです。

▎3つの転換点に注目

　このポンド円で特に注目してもらいたいのは、チャートに点線でつ
けた転換点です。具体的にはまず1月30日安値。そして2月26日高
値と、4月12日安値の3カ所があります。厳密にはもっとありますが、
ここでは省略します。

　まず1月30日安値を下抜けると、1月25日高値を上抜けて上昇し
てきた動きがキャンセルされます。1月25日高値の上抜けで1月30
日と2月2日のレンジになっていましたが、レンジの下限を下抜けた

ので、上昇の可能性が弱まり下へ転換します。

　ここから再び上昇するためには、2月2日または2月8日の高値を上抜けなければなりませんが、相場は下げていきました。これでポンド円日足は下向きに転換しています。

▎2/26高値更新で下落トレンド終了

　1月30日安値を下抜けて下向きとなった日足は安値を更新して下げていき、2月14日で下げ止まります。この時点の直近高値は2月8日で、2月8日と14日でレンジになります。

　このレンジは2月28日に14日安値を下抜けてレンジブレイクして3月2日まで下げます。この動きで、レンジは2月8日と14日から2月26日と3月2日に移行しました。

　レンジが下側へ移行したので下向きのトレンドになって来ますが、このトレンドが維持されるためには、2月26日高値を更新してはならないことになります。ダウ理論の下落トレンドは安値を更新し高値を更新せず、ですから2月26日高値を更新した時点で下落トレンドは終了することになるからです。

　そして、その動きが3月21日に起こります。3月21日に2月26日高値（＝転換点）を上抜けたことで下向きのトレンドはキャンセルされ、どこまで上昇するかが注目されます。この転換した上昇の動きは4月13日まで続き、4月13日高値が確定した時点で、直近安値の4月12日とのレンジになります（図26参照）。

▎短い足で見ると小さなレンジブレイクがある

　この3月2日から4月13日までの動きの中には、2月26日の転換点を超える動きと共に、日足は小さな高値安値の更新があります。ここまでの動きを拡大した図27にあるAからGの動きがそれです。いず

図27. 時間軸で異なるトレンド

ポンド円 日足　2018年1月〜4月

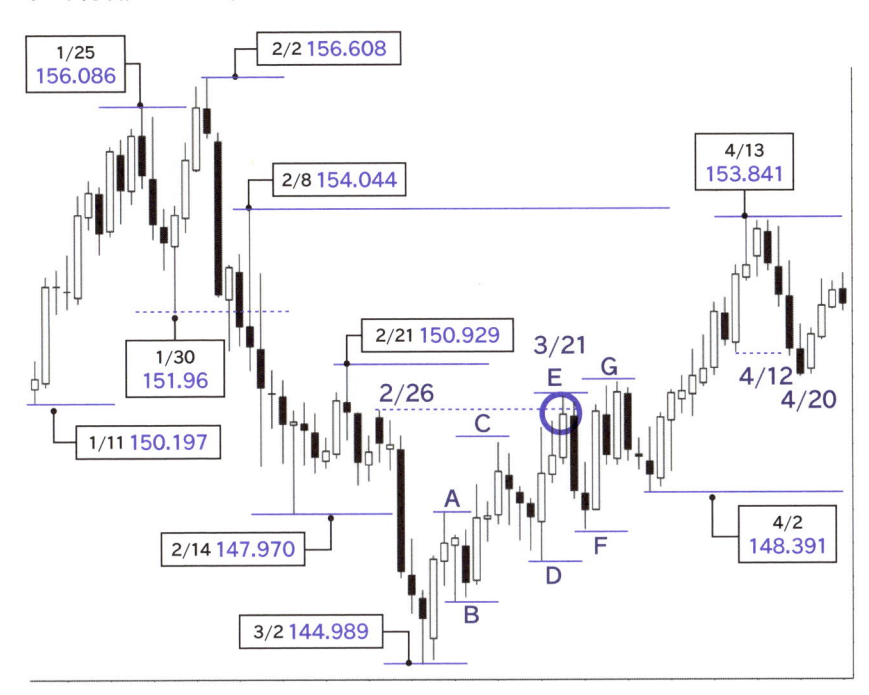

れも小さなレンジが上方向にレンジブレイクして上昇トレンドになっ
ていますが、2月26日と3月2日のレンジ内の動きなので、3月21日
に2月26日高値を上抜けるまでは関係ありません。

　このA〜Gの動きに注目する必要があるのは日足ではなく、より短
い時間軸で取引する場合です。これは図21のポンドドルが1月25日
から3月1日まで下げた動きと同じ構造です。

　図27に戻り3月2日から上昇する動きでは、2月26日の転換点を超
えるかが注目で、ここは3月21日に上抜けます。

　しかし2月26日高値の上には、2月21日高値や2月8日高値もあり、
これらも上値抵抗となり得るレベルです。特に2月8日のローソク足
を見ると、長い上ヒゲです。ということは、2月8日高値付近には上

昇してきた動きを一気に急落させるだけの強い売りがある、ということとです。

　つまり、ポンド円が強く上昇するためには、2月26日高値を超えて下向きから上向きに転換した可能性を示すだけでなく、次のステップとして2月21日高値と2月8日高値も上抜けていかなければなりません。

　2月26日高値を上抜けた後、しばらく上昇が続き2月8日高値も上抜けるかが注目されましたが、結局4月13日高値で上昇が止まります。2月8日高値に届かなかったということは、この2月8日付近にはやはり売り手が多いということになります。または買い手が2月8日高値を意識して決済した可能性もあります。いずれにせよ、相場参加者は2月8日高値を意識して買いが弱まりました。この時点で、上向きのレンジは4月12日と4月13日にシフトします。

　ここからは図26に戻って見ていきます。上昇の動きが4月13日高値までで、2月8日を上抜けできなかったということは、これ以上は上がりにくい可能性が強く示されます。このためポンド円は4月12日安値を割り、転換して、4月20日まで下げます。その後再び高値アタックをしますが、今度は4月13日高値にも届かず、26日に高値をつけます。この4月26日の高値は4月13日高値より低いので、レンジの上限ブレイクに失敗したことを示しています。

　これで2月26日の転換点超えで上昇に向かい始めた動きが下へ転換したことが後押しされます。

　しかも、今回の下向きは、2月8日と4月13日高値で上昇を抑えた後の下方ブレイクで下げる可能性が高くなってきます。この付近以上は売り手が強そうだ、ということがチャートから示されているからです。

▍わかりにくい相場であれば撤退していい

強いトレンドが出ている場合、転換点を抜けることは起こらないはずです。これまでの説明で解説してきたように、**レンジとレンジブレイクの繰り返しがトレンド**です。トレンド転換は従来の動きが逆方向に動いて、反対側のレンジをブレイクすることで流れが変わるわけです。上下の転換が頻繁に起こるとしたら、それはトレンドではありません。しかしレンジでもないとすれば、まさに相場の方向が定まらない時期で、手出しすべきではない相場ということになります。

また、このような場合は、先のポンドドルの例のように、より広いレンジ内にあると考えて、より長い時間軸のチャートを確認するのも大切です。

このポンド円のように1月30日安値抜けと、2月26日高値抜けのような転換点を2回も超える動きがあるということは、**相場に方向感がなく、手を出すべきではない相場**であることが示されています。

私たち個人投資家は銀行や輸出入企業の担当者のように、どうしてもこの通貨ペアを取引しなくてはならないという理由はどこにもありません。動きがわかりにくい相場であることが判明したら、躊躇なく撤退して他の通貨ペアに頭を切り替えることが大切です。

ここが重点!

❶常にテクニカルが上手くいくわけではない
❷転換が頻繁に起こる場合はトレンドではない

取引オペレーションの視点でレンジとトレンドを見ていく

▌逆レンジブレイク＝トレンド終了

これまで本章でいくつかの事例を細かく見てきましたが、要するに、売り手と買い手のどちらが強いかを見つけているだけです。

売り手と買い手の力関係が定まらない状態がレンジですし、どちらかが勝るとレンジブレイクして動き出します。この動きが同じ方向に繰り返せばトレンドになります。ですから、トレンドの中身であるレ

図28. レンジとトレンドのイメージ

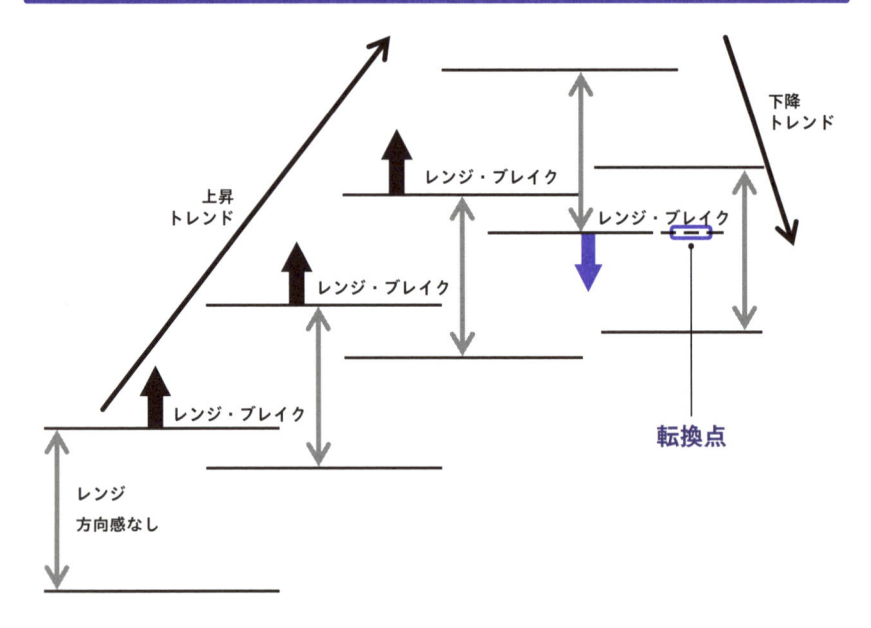

上昇トレンド

下降トレンド

レンジ・ブレイク

レンジ・ブレイク

レンジ・ブレイク

レンジ・ブレイク

レンジ・ブレイク

転換点

レンジ
方向感なし

ンジを逆方向に抜ける「**転換**」の動きになると、トレンドは終了して相場が反転する可能性を考えなくてはなりません（図28参照）。

　この時点で少なくともそれまで維持してきた方向のポジションは手じまう必要があるため、損切りを移動させます。

　このレンジとトレンドの関係を取引オペレーションの視点で見ると、**常にレンジの上限の上には新規の買いの逆指値、下限の下には新規の売りの逆指値を置きます。**これでレンジをどちらに動いても、乗り損ねることがなくなります。また同時にこれからの損切り決済の注文も出しておきます。

　取引オペレーションについて触れると、図29のようにレンジAのブレイクで買いポジション①を持ちます。レンジを上抜けたということは買い手が売り手より強いと考えられるので、その多数派に乗るわけです。するとAのレンジの高値を超えた動きもどこかで止まりレンジBができます。このBのレンジの下限を割ると、上昇の動きが転換する可能性が出てきます。売り手の方が強まるからです。よってここには①の買いの決済注文と、転換に備えて新規の売り注文を置くことになります。

　トレンド相場はレンジとレンジブレイクの繰り返しなので、この同じオペレーションを繰り返します。ただしポジションを積み上げる際には資金管理上問題ないことを計算しておく必要があるのは当然です。

　レンジとレンジブレイクの動きはどこかで反転し、転換点を迎えます。この図29では、レンジDを下抜けた時点で上昇トレンドが終了します。また同時に反転下落の可能性があるので、すべての買いポジションを決済します。同時に直近高値に売りの決済注文を置いたうえで、新規の売りポジションも作ることになります。

図29. 取引オペレーションのイメージ

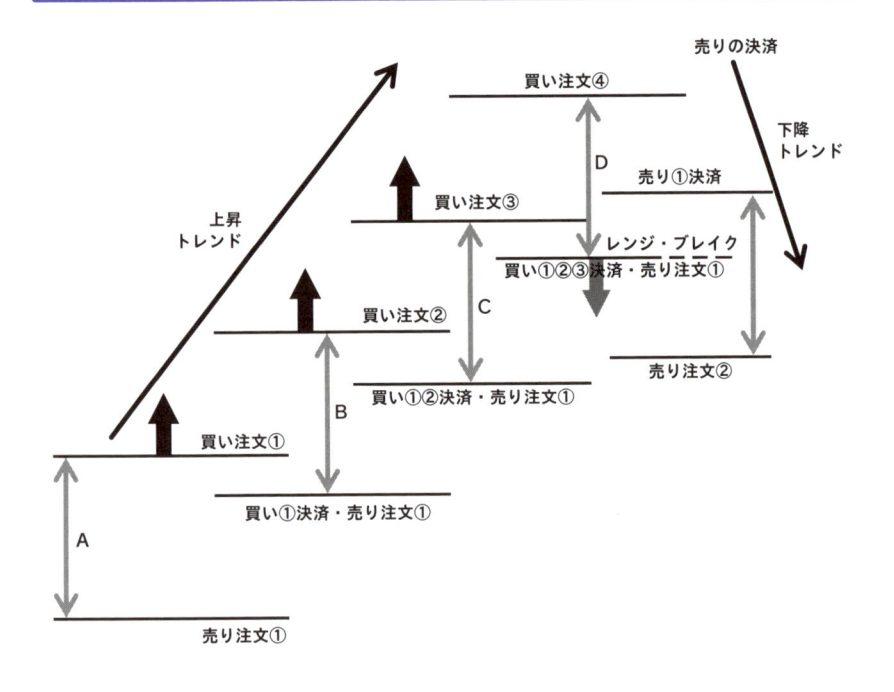

上限・下限の手前で注文すると餌食になりやすい

　この相場転換が何をきっかけに起こるかは誰にもわかりません。それはトレンドがなぜできるのかと同じで、相場に参加する多数がそう考えて動いた、ということでしかありません。理由を後づけしても意味がないのです。

　ただ図30のように、**上昇が止まる高値の上には過去の高値があったり、安値の下に過去の安値がある**、ということはよくあります。自分の時間軸では遠い昔の高値や安値のように思われても、長い時間軸では意識すべき高値や安値であるからです。そしてより長い時間軸のより幅の広いレンジであれば、その中には小さな時間軸のトレンドがあります。またこのより長いレンジを超えれば、大きく動くことも事例で説明してきた通りです。ポンドドルの例を思い出して下さい。

図30. 長い時間軸のレンジ上限・下限は意識しておく

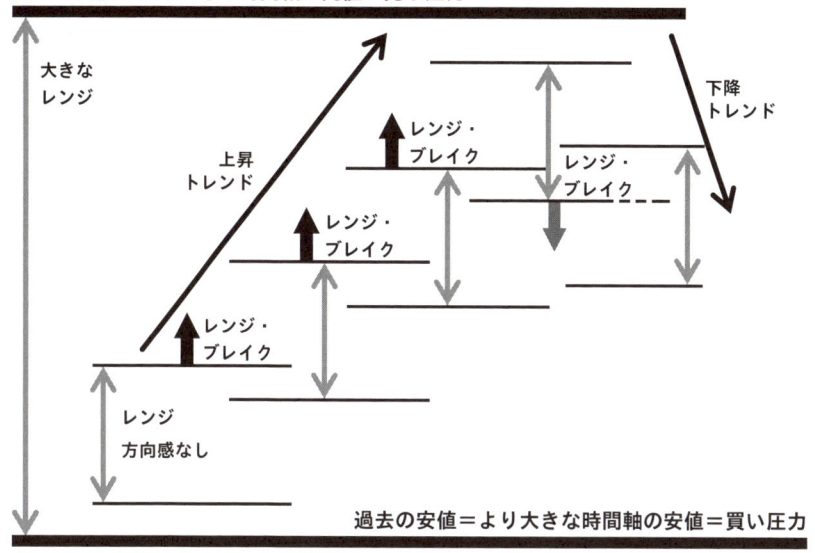

このような場合は、**より大きなレンジの高値や安値付近では、逆向きの動きが起こりやすいことに注意しておく**ことが必要です。レンジの上限や下限で逆張りする動きです。

上昇しているトレンドの先により大きなレンジの高値があるということは、この高値をバックに売りを仕掛ける人がいます。そこに高値があるということは、その上では売りが強いから高値になっているので、この高値を上抜けできないだろうという戦略でレンジの上限で逆張りする人がいるわけです。また上昇トレンドに乗ってきた買い手も、この高値を意識すれば、ポジションの一部を利確決済する動きもあるでしょう。

こうした動きでレンジの上限下限付近は勢いが弱まりやすくなることは、既に説明した通りです。だからこそ、**そうした高値を超えたところで逆指値を置く**のであって、その手前で買えば、売り手の餌食になりやすいことに注意する必要があります。

「小さな成功体験」 を積み重ねていく

これまで説明したような、値動きの基本に従った取引を身につけようとする間にも、人間ですからいくら頭でわかっていても、つい出来心で勝手な取引をしてしまうことがあります。人間は完璧ではありませんし、これは仕方のないことです。

ただ最もまずいのは、この出来心で始めた根拠のないトレードで利益が出た場合です。人間は理由がなくても一度、成功体験をしてしまうと、これが記憶に強く残ってしまうため、多くの人はここで技術習得を止めてしまい、自己流に戻っていきます。そして再び収益が安定しない、勝ったり負けたりの不安定な取引に戻ってしまいます。

これを避けるには、①値動きに従わない、根拠のない取引はしない。②値動きに従った、根拠を説明できる取引で損失が出た場合も、それが理屈通りのものなら受け入れる。この2つが大切です。

トレーディングに100%はありません。理屈通りのことをしても損をする場合はあります。その損は自分だけでなく同様のトレーディングをしている多くの人が受け入れざるを得ない損だということです。

もちろん、私もこういう経験をたくさんしてきています。ですが、今は値動きとテクニカル指標を組み合わせる方法が最も効率的で安心できるトレードだということを知識だけでなく、実際に経験として大きく儲けた「成功体験」として知っているからこそできることです。

フォーメーション分析
も値動き重視で
確度が高まる

フォーメーション分析は「形」で覚える分析であるがゆえに、一見初心者でも導入しやすいテクニカル分析に見えます。しかし、結局のところ高値または安値の更新によって動きが出るため、この値動きの原則を知っておくのと、そうでないのとでは確度に大きな違いが出ます。

仕組みを理解せず
「形」だけ暗記しても
上手くいかない

▌フォーメーションは「形」から先行きを予想するもの

　チャートで相場を判断する方法のひとつに「**フォーメーション**」があります。「フォーメーション」ではピンと来ない方も、例えば「**ダブルトップ**」や「**ダブルボトム**」、「**三尊**」や「**三角持ち合い**」という単語には覚えがあるのではないでしょうか。

　フォーメーション（formation）を辞書で調べると、「形成」、「編成」、「編隊」、などの訳が出てくるように、「形」を示しています。つまり図1にあるようにチャートの「形」に注目するのが、**フォーメーション**分析です。

　これらはチャート・パターンともいわれる場合があり、「こうした形になると、次は上げやすいとか下げやすい」という先行き予想として使われます。

　本書をここまで読んだ方は理解していると思いますが、私は、相場を予想することは無意味だと考えています。予想するのではなく現実の値動きに対処する方が堅実に利益に繋がりやすいからです。ですから、フォーメーションが先行きの予想である時点で、ファンダメンタルズなどと同じでほとんど使っていません。

▌形を暗記しても理解して応用できなければ意味がない

　フォーメーション分析や酒田五法は、相場の「暗記型学習」です。ローソク足が作るパターン（形＝フォーメーション）を覚え、同じように見えるチャートなら、同じように動くだろう、というものです。パター

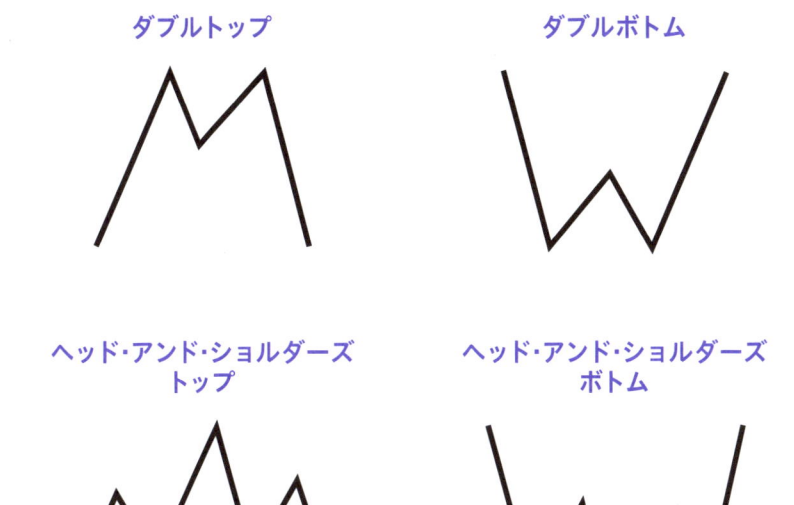

図1. フォーメーションの例

ンさえ覚えればいいので簡単なように思いますが、単に形を暗記する
だけで上手くいくものではありません。

　見た目のパターンだけでトレードするということは、厳密な基準な
しにトレードするのと同じです。上手くいくこともあれば、上手くい
かないこともあります。しかも、その違いや理由がわからないので、
判断に迷いが生じるということです。**実際のトレードで活用するため
には単なる暗記ではなく、仕組みを理解し応用して使うことが求めら
れます。**

　この章では、フォーメーションの中でも知名度の高い「**ダブルトッ
プ／ボトム**」「**トライアングル**（三角持ち合い）」「**ヘッド・アンド・ショ
ルダーズ**」の3つの形を例に、本書でこれまで説明してきた値動きと
の関係を復習的に見ていきます。

ダブルトップ（ボトム）は ネックラインと相場の 転換点の一致に注目

■ ネックラインがダブルトップ（ボトム）の転換点だが

フォーメーションの典型例であり、かつ、現実的に遭遇する場面が多いフォーメーションは**ダブルトップ**や**ダブルボトム**です。本書でも第4章で事例として取り上げたポンドドル日足（145ページ参照）を週足にしたのが図2です。第4章の日足チャートでもある程度「形」は想像できたと思いますが、週足チャートにすると、明確なダブルトップになっているのがわかります。

ダブルトップやダブルボトムは時間軸に関係なく起こりやすいのですが、ではそのすべてが教科書通りに動くかというと、そうではありません。

フォーメーション分析では、図3のように、ダブルトップやダブルボトムの場合、M字の山の真ん中の安値Cや、W字の谷の真ん中の高値Cを「**ネックライン**」と呼び、EがこのCを抜けると大きく動く、とされています。このルールに従えば、図2のポンドドル週足は典型的なダブルトップになって動いていることがわかります。

■ 実際の相場では教科書通りに動くわけではない

しかし、現実の相場では、同じようなダブルトップができたのに、そこからあまり下げなかったり、下げきらずに反転して再び高値ができて、ダブルトップがトリプルトップやレンジ相場になったりする場合もあり、セオリー通りに動かない場合も多いのです。

これがフォーメーションをトレードで使う場合の問題点です。そし

図2. トップが同価格になっていないダブルトップ

ポンドドル　週足　2017年12月〜2018年8月

1/25
1.43443

4/17
1.43756

3/1
1.37118

12/15
1.33011

8/15
1.26609

図3. 教科書的なダブルトップ（ボトム）のイメージ

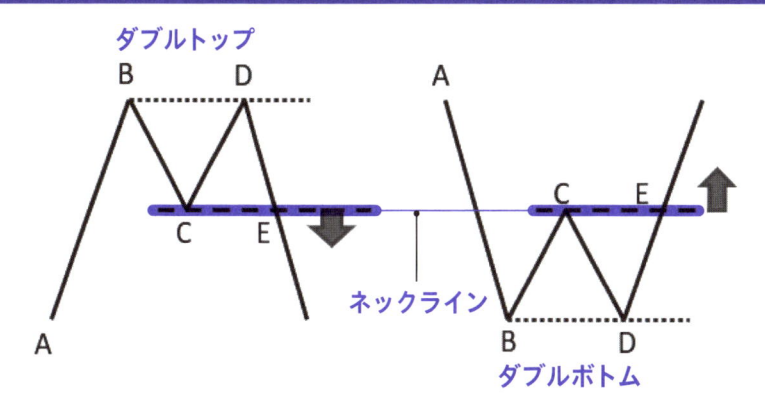

ダブルトップ

ネックライン

ダブルボトム

てブログや書籍でフォーメーションが解説されている場合、図1で紹介したダブルトップやヘッド・アンド・ショルダーズのように、ローソク足ではなく、パターン化して簡略化されていますし、解説も図3のように抽象的です。

　つまり**フォーメーションの解説では、本書で説明してきたような細かな現実の値動きについてはあまり解説されていません**。この大雑把な説明によってトレーダーは惑わされますし、ここがフォーメーションの落とし穴です。

　何度もいいますが、相場が動く唯一の理由は、「売り手と買い手の力関係」しかありません。したがってこの点を無視した考え方は、相場の現実を見ていないことになります。

　フォーメーション分析でも、先ほどの図2や後ほど出てくる図5のように実際のチャートを使って高値や安値の数値を入れて考えなければ上手くいきません。

　私も値動きのメカニズムを知る前、この大雑把な解説で何度も失敗しました。フォーメーションの法則通りなら下がると思って売ってもズバッと下がらなかったり、ひどいときには反転して上昇して大きな損失になった経験があります。

▌形通りにならない理由は値動きにある

　本書では何度も「現実には」とか、「事実は」と書いているように、現実の値動きで考えると、図3のような教科書的なダブルトップやダブルボトムの形になることは、まずありません。

　それは、なぜでしょうか？　**その答えは、相場の値動きにあります。**

　実際にフォーメーション分析を使っていると、わかると思いますが図3のようにBとDが全く同じ価格で値動きが止まるということはほとんどなく、Bの価格よりDが少し上であったり、少し下で価格が決定します（図4参照）。

　そうした場合、ダブルトップのイメージはできていても、実際に適

図4. 実際に起こりうるダブルトップ（ボトム）

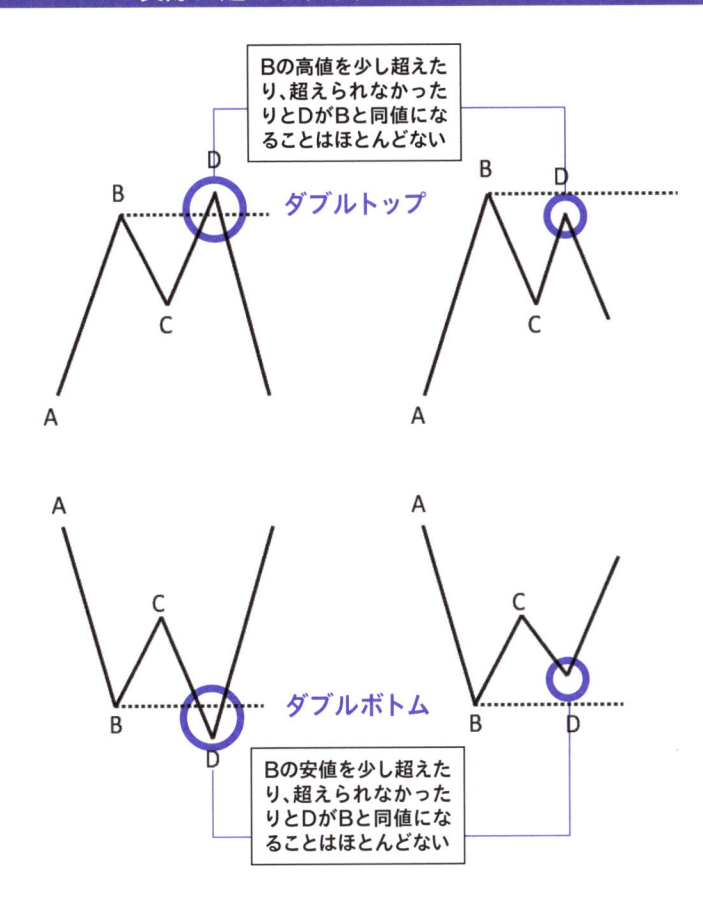

Bの高値を少し超えたり、超えられなかったりとDがBと同値になることはほとんどない

B D ダブルトップ
C
A

B D
C
A

A
C
ダブルボトム
B D

A
C
B D

Bの安値を少し超えたり、超えられなかったりとDがBと同値になることはほとんどない

用しようとすると「この形が本当にダブルトップと考えていいのか？」「トップの高値をここで取っていいのか？」など迷った経験は誰にでもあるはずです。

　四本値を確かめず、大雑把に形やパターンだけに注目して取引すれば、大雑把な結果しか得られません。

▌結局は転換点がポイント

　ダブルトップやダブルボトムを現実に即して丁寧に説明するなら、

図4のようにトップやボトムとなるＢとＤの価格が違う図になるはずです。この頂点の位置の違いが、ダブルトップやダブルボトムがセオリー通り動いたり違ったりする理由のひとつとなるのです。

　では、この図4に基づいて、ポンドドル週足の2018年のダブルトップの事例（図5）を見直してみましょう。

　2017年末から2018年8月にかけて、このポンドドル週足チャートのように1月25日高値と4月17日高値でダブルトップになっています。そして3月1日安値がダブルトップのネックラインです。

　ここで注目なのは、4月17日高値が1月25日高値を更新している点です。高値更新で、これまで12月15日と1月25日のレンジだった動きが、3月1日と4月17日または4月5日と4月17日のレンジに切り替わりました（レンジの安値を3月1日で取るか、4月5日で取るかは現実的には迷うところです）。

　このため、4月5日安値または3月1日安値がトレンドの転換点となります。この転換点を割り込むと、上昇の動きが下落に転換する可能性が出てくるわけです。

　そして実際、チャートを見ると、この2つの価格を超えて下げたところでは、週足が大きく下げていて、この価格付近には買い手の決済（売り）と新規売りの逆指値があったことがうかがえます。つまり、これらを転換点と認識しているポジションが多かったということです。

■ ダブルトップが上手く働いた2つ目の例

　図6は少し古い2010年のドル円日足チャートです。

　チャートを見ると4月2日と5月4日でダブルトップになっています。最初の山は3月18日と4月2日のレンジですが、5月4日高値が4月2日高値を更新しレンジブレイクしたので、レンジは上にシフトし、直近安値は4月27日です。

　ということは、5月4日か5月5日の時点では4月27日安値の92.816

図5. 転換点を割り込んでから下げている

ポンドドル　週足　2017年12月〜2018年8月

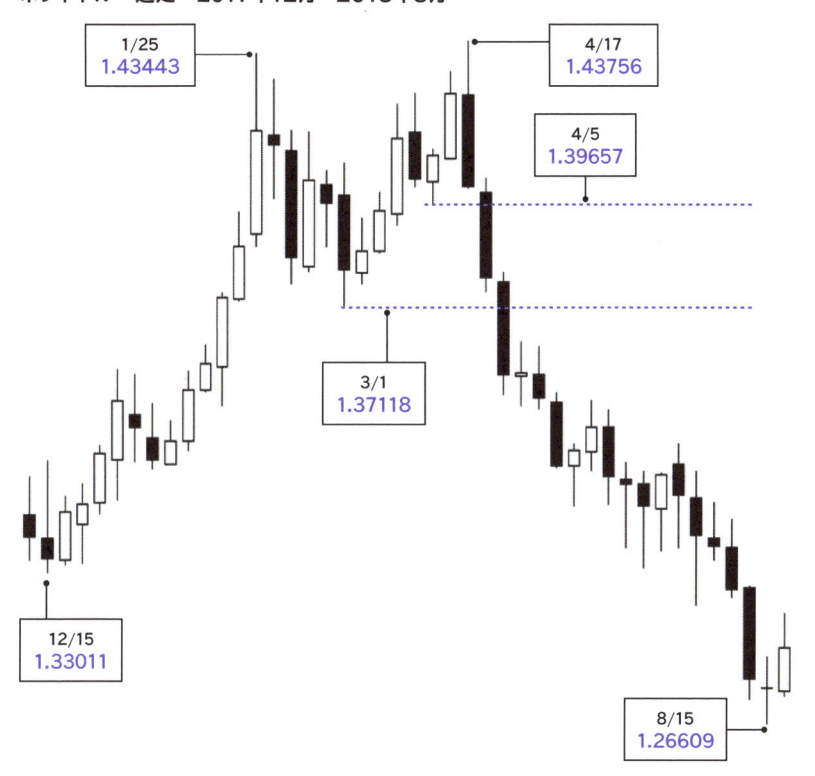

の下か、ダブルトップのネックラインとなる4月19日安値91.586の下にオーダーを置くことになります。具体的には買いポジションを保有していれば、ここに買いの決済逆指値を置きますし、またここが転換点なので、新規の売りの逆指値を置くことになります。新規売りの損切り逆指値は5月4日高値の上なので95円ぐらいでしょうか。

　2010年5月6日は、NYダウが998ドル急落してドル円も暴落した日です。原因は誤発注とされていますが詳細は不明です。

　余談ですが、こうした暴落がテクニカルな要因と重なっている点も興味深いものです。NYダウのチャートは確認していませんが、この「機」に転換点を狙って大口が売りを仕掛けたのかもしれません。も

図6. 転換点割れが起点になっている

ドル円　日足　2010年3月〜9月

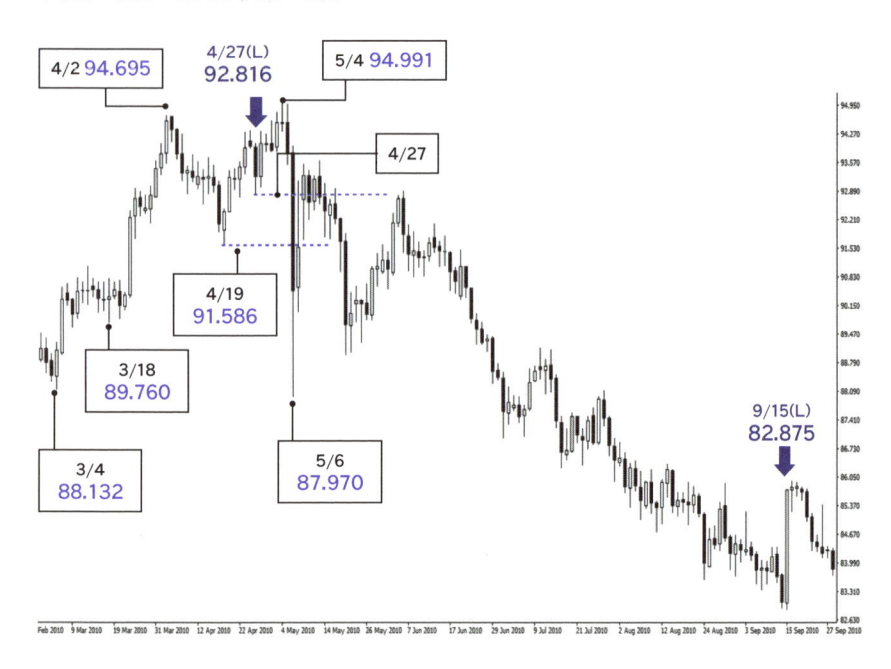

　ちろん、これは私の想像ですが、私がファンドにいて資金があれば、近くに転換点があるなら何かに乗じて下げを狙う戦略は、アリだと思います。結果を見ればショートは大儲けできていますから。

　本書ではこうしたチャートの高値安値から転換点を把握し、大きな相場転換に乗った大きな動きを取りたいのです。

レンジブレイクで転換点が直近に移行する

　このようにダブルトップの2つ目の高値の方が高いか、ダブルボトムなら2つ目の安値の方が低ければ、レンジブレイクでレンジが移行して直近の転換点を超えると相場転換する可能性が高くなります。

　つまりダブルトップだろうと、フォーメーションだろうと、これまで本書で解説してきた高値と安値に注目して値動きを見れば、全く同

図7. ネックラインと転換点が一致していない例

ポンドドル　週足　2013年〜2014年

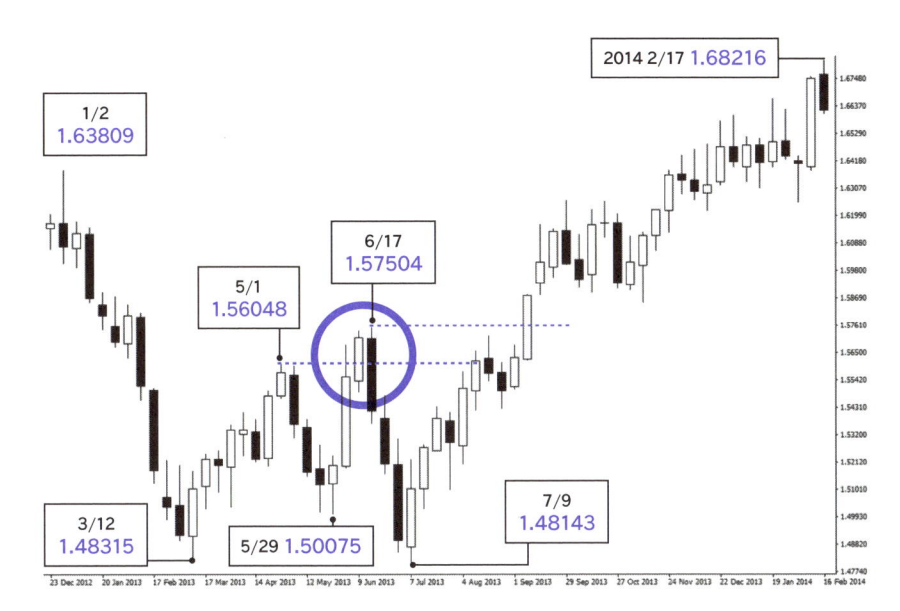

じことなのです。いくつものフォーメーションやチャート・パターン、酒田五法などを暗記しなくても、値動きの仕組みを理解していれば何の問題もなく、シンプルに相場を見ることができるのです。

▌値動き分析ができればフォーメーションの弱点も把握できる

　ダブルトップがチャート分析とも一致して上手くいく例を2つ見たので、今度は、反対に上手くいきにくくなる例を見ていきましょう。フォーメーションの暗記が役に立たない場面です。

　先ほどの図4では、ダブルトップで2つ目の高値がひとつ目より安く高値更新できない場合と、ダブルボトムで2つ目の安値がひとつ目より高い場合で、チャート分析ではダブルトップやダブルボトムでも結局はレンジ内の値動きだった事例です。

　まずは2013年から2014年にかけてのポンドドル週足チャートが

図7です。

　最初の安値は3月12日、2度目が5月29日ですが、5月29日は3月12日安値を下抜けていません。ここがポイントです。ダブルボトムのネックラインは5月1日高値ですが、値動きは1月2日と3月12日のレンジ内です。なぜなら3月12日の安値を更新していないからです。ということは、この5月1日のネックラインに意味はありません。

　それを裏付けるようにネックラインの5月1日高値1.56048を6月6日に上抜けますが、この上昇の動きは6月17日1.57504まででした。週足がダブルボトムをつけた割にあまり上昇していません。そしてその後は7月9日安値まで急落して、この7月9日安値はその前の5月29日安値も、3月12日安値も下抜けて安値更新となり、3つ目の安値となり**トリプルボトム**となっています。

　6月17日から7月9日への急落の動きで3月12日安値が更新され、新たな安値ができました。これで1月2日と3月12日のレンジだった動きが、6月17日と7月9日のレンジに移行しました。このため、6月17日高値が転換点となり、ここを上抜けると相場はこれまでの下向きから上向きに転換して上昇していく可能性が出てきます。そして、9月11日に6月17日高値を上抜けたところからポンドドルは大きく上昇していきます。

　高値と安値を基本とする値動き分析を知っていれば、フォーメーションの弱点も把握できますし、そもそもフォーメーションに頼る必要がありません。

▌ ネックラインと転換点が一致することが重要

　さらに、もうひとつ、同じようにダブルトップになりながらも、大きく下げずに結局はレンジになってしまった例が図8のユーロドル日足の2018年1月から2月の動きです。この事例では最初の高値は1月

図8.「ネックラインを割った＝転換」ではない

ユーロドル　日足　2018年1月〜2月

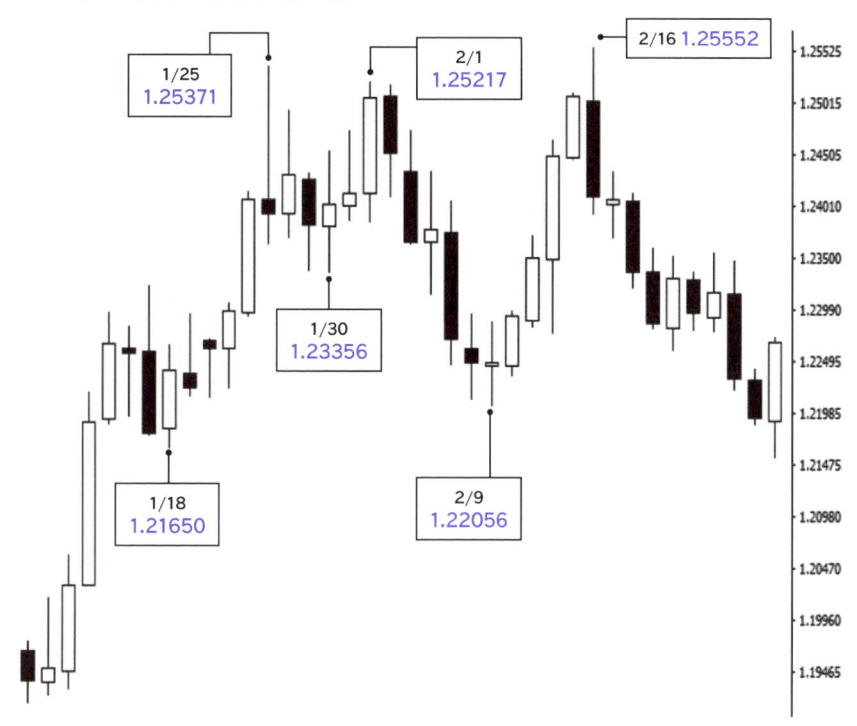

25日で2度目が2月1日です。つまりダブルトップの2度目の高値が前の高値を更新していない事例で、レンジブレイクしていないということです。

「高値が更新されない＝レンジブレイクしていない」ということは、相場は依然としてひとつ目の高値のレンジ内にある、ということです。2月1日の高値がついた後も、値動きは依然として1月25日高値と、1月18日安値のレンジ内で動いている、ということです。ということは、ダブルトップのネックラインである1月30日安値を下抜けても、レンジの下限である1月18日安値を割り込まない限りはレンジ

内の動きが続くことになります。**このネックラインには意味がない**のです。

　この事例では2月9日安値も1月18日を割らず、ここから3つ目の高値をつけに上昇していきました。相場はダブルトップだと思われましたがあまり下がらず、結局は**トリプルトップ**になってしまったわけです。

　このときは、1月30日安値のネックラインで売ってもすぐには損失にはなりませんが、数日で戻ってきてしまいます。ダブルトップで売っているので、売りポジションを維持するか、建値で逃げるか、難しい判断を迫られることになります。つまりダブルトップだからネックラインを割ったら下げるとはならないわけです。

　これは転換点（レンジの反対側）とネックラインが一致していないためで、結果としてレンジ内の動きが続くからです。

　また3つ目の高値はその前の2つより高い点も注目です。ダブルトップで2つ目の高値の上やひとつ目の高値の上に損切りを置いていた場合、この損切り注文が執行されてしまいます。

┃ ネックラインを割れずにトレンドが続く

　ダブルトップ／ダブルボトムの最後の事例として、ネックラインを超えない事例も見てみましょう。

　この図9は2018年のドルスイスの日足です。

　ドルスイス日足は7月から下げてきて、8月31日に0.96524の安値をつけます。そこから9月4日の高値に戻し、その後9月7日には8月31日安値を下抜け安値更新しました。このまま上昇してネックラインとなる9月4日高値0.97655を上抜けると上昇に転じるはずです。この9月4日高値は転換点でもあり、ここを上抜けると反転上昇の可能性が出てきます。

　9月11日に私はメルマガで次のように配信しています。

　ネックラインであり転換点でもある9月4日高値を上抜けて、日足

図9. ネックラインを抜けずに下げたドルスイス

ドルスイス　日足　2018年7月〜9月

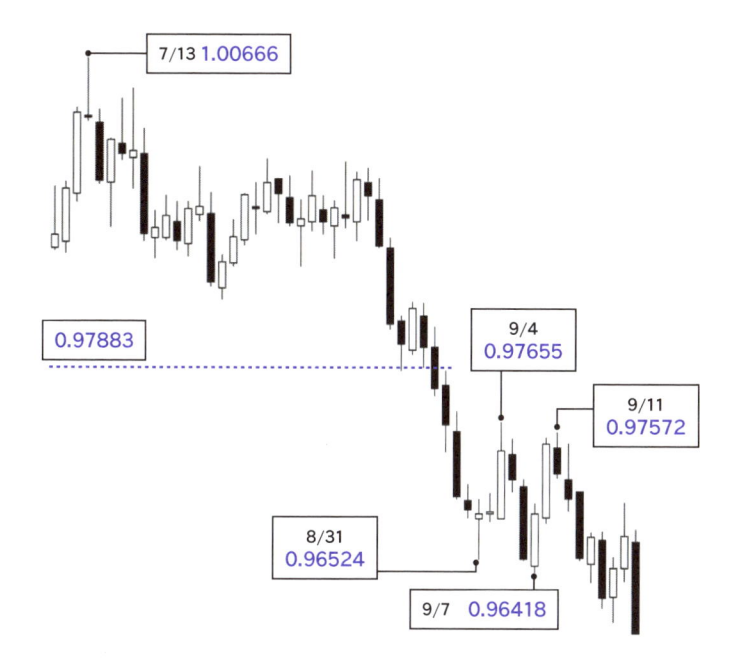

7/13 1.00666

0.97883

9/4
0.97655

9/11
0.97572

8/31
0.96524

9/7　0.96418

投稿時間：2018-09-11 12:58:37

ニックネーム：田向宏行

ドルスイスの 0.9765

今日は 9 月 11 日。

2001 年の NY 同時多発テロから 17 年経ちました。

さて、ドルスイスは 6/21 以来の配信です。

ドルスイスは、9/7 安値 0.96418 から上昇して現在は 0.97 台です。

9/4 高値 0.97655 を上抜けると、上昇の動きが強まる可能性があります。

が下落から上昇に転じるかを注目していたわけです。

　自分のオペレーションとしては、成行で買うのではなく、9月4日高値の上に買いの逆指値をしていました。しかし、結局9月4日高値を上抜けることはできませんでした。このため、転換は起こらず、買いポジションもできません。ドルスイス相場はその後も下落の動きが続きます。

▎動く可能性があれば「対応」する

　このようにドルスイスが上昇に転じる可能性がありながらも、転換しなかった理由は、週足チャートから見ることができます。

　このときの週足チャートが図10です。

　ドルスイスの週足を見ると、週足はダブルトップをつけてネックラインを割って下げています。7月13日につけた2度目の高値は最初の5月10日高値を上抜けているので、ネックラインとなる6月7日安値はレンジの下限で転換点です。このため、転換点を下抜けた週足のドルスイスは下落の流れの中にあったわけです。週足が下向きなら、日足が大きく上昇するのは大変です。週足の方が時間軸が長いので当然値動きの力も強いからです。

　それでも上向きに反転する可能性を考えたわけですが、結局は反転しませんでした。でも、問題ありません。チャートの高値安値からオーダーを置く位置を正しく選択しておけば、今回のように買いの逆指値が執行されなくても、損失もありません。

　このドルスイスの例が示すように、相場なので値動き分析もすべてが想定通りになるわけではありませんが、動く可能性があれば「対応」

図10. 大きな時間軸でみたドルスイス

ドルスイス　週足　2018年1月〜9月

5/10 1.00551

7/13 1.00666

6/7
0.97883

図9で解説
したエリア

2/16 0.91878

| 1.00440
| 0.99930
| 0.99420
| 0.98895
| 0.98385
| 0.97875
| 0.97350
| 0.96840
| 0.96330
| 0.95855
| 0.95295
| 0.94785
| 0.94260
| 0.93750
| 0.93240
| 0.92715
| 0.92205
| 0.91695

n 2018　18 Feb 2018　18 Mar 2018　15 Apr 2018　13 May 2018　10 Jun 2018　8 Jul 2018　5 Aug 2018　2 Sep 2018

する必要があります。単純にフォーメーションだけを暗記して取引するよりも、値動きの仕組みやチャート分析を理解していると、もう一歩進んだ取引対応ができるはずです。

トライアングルの
レジサポラインはどれが
正しいのかわからない

▌トライアングルよりもレンジを考える

　トライアングルは、「三角持ち合い」ともいわれるものです。相場のトライアングルや三角持ち合いという考え方は、チャートの高値と安値を意識していない人が認識する場合が多いのではないでしょうか。なぜなら高値や安値を意識すれば、レンジを考えるはずで、レンジ内で切り下げる高値や、切り上げる安値でラインを引いて三角形を作る必要がないからです。

　つまり図11のように、高値と安値を意識すると、AとC、またはAとBのレンジを考えるハズで、「なんとなく三角形に見える」、ということに注目する必要はないのです。しかし高値や安値を意識せず、または相場が動くメカニズムを知らないと、チャートの形やパターンを暗記しようとします。その方が簡単そうだからです。すると、三角形の中で値動きがあるように見えてしまいます。**これが三角持ち合い（トライアングルまたはペナント）**です。

　ここでは真横に向いた三角形を出しましたが、Aのラインにほぼ沿った上向き三角形の場合（アセンディング・トライアングル）もあれば、Bのラインに沿った下向き三角形（ディセンディング・トライアングル）の場合もありますが、いずれにせよ、高値と安値のレンジ内にあるということより、その後の切り下げる高値や切り上げる安値に注目しているという点では同じです。

　こうした高値を結ぶラインや安値を結ぶラインを作るのは、サポー

図11. 「形」よりもレンジブレイクに注目する

トライアングルのイメージ

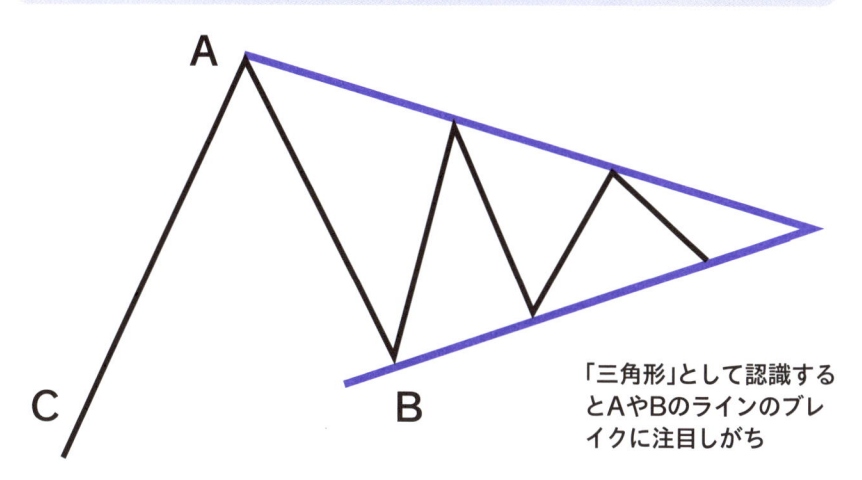

「三角形」として認識するとAやBのラインのブレイクに注目しがち

値動きで見ると

三角形は高値Aと安値C（もしくはB）のレンジ内の値動き。さらに小さなレンジができていき、実際に動きが出るのはこれらのレンジを抜けてから

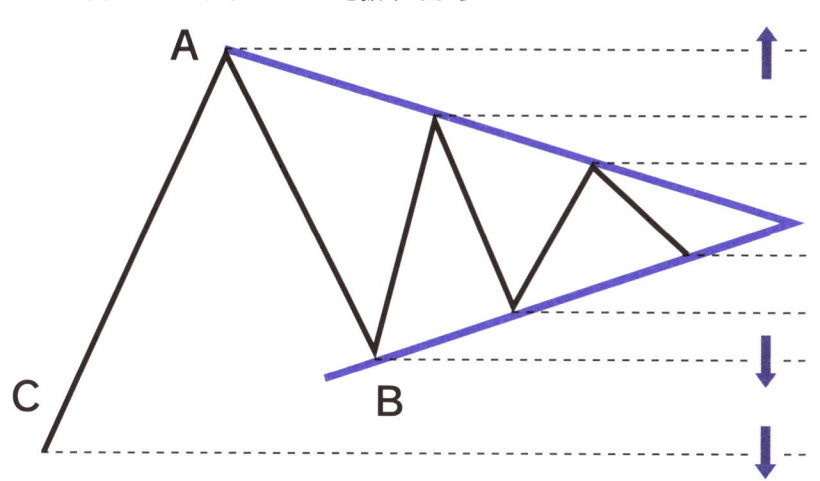

ドル円　月足　2013年〜2018年

2015/6 125.859

2015/12 123.672

2016/12 118.661

2017/11 114.732

2018/3 104.637

2016/6 98.907

トラインやレジスタンスラインを引くことと同じです。

　例として、図12のドル円月足の動きを見てみましょう。

　ドル円月足はアベノミクス後の高値125.859（2015年6月）からブレグジットの安値98.907（2016年6月）まで1年間で27円も暴落します。ドル円の年間の変動幅が通常は10円ぐらいですから、27円の変動はとてつもなく急激な動きだったわけです。これだけ急激に動くと、その揺り戻しも起こりやすく、2016年12月にはトランプラリーの高値118.661まで半年で20円も急騰します。2014年の100円付近から考慮すると、約2年間で20円以上の値幅で3回も動いたわけです。

　これだけ急激な動きが続くと、その後は動きが出にくくなります。この月足はわかりやすい例ですが、時間軸は日足でも、1時間足でも、

15分足でも、大きな急騰急落の後には、もみ合いながら収束する動きが起こりやすくなります。つまり、**急騰急落とその後の収束した値動きで三角形ができる**のです。

　三角形（トライアングル）に見えても、相場は売り手と買い手の力関係でしか動かないことは何度も説明してきました。そして値動きの上限には売り手が多く、下限には買い手が多くいます。だから高値や安値ができます。ということは、三角形の高値を連ねて押さえているように見えるレジスタンスライン（上値抵抗線）や安値をつなげて支えているように見えるサポートライン（下値支持線）には、明確な理由がありません。相場を見た人が勝手に線を引いてわかりやすくしているだけで、最終的にはレンジを抜けない限りは大きく動き出さないからです。

▌トレンドラインによる判断は不明瞭な点がある

　トライアングルでも、**結局はレンジを抜けないと動き出さないという例**は枚挙にいとまがありません。ここでは2018年7月のユーロポンドで説明します。

　図13は、ユーロポンドの1時間足チャートです。

　ユーロポンドは7月9日の0.88132から、7月10日の0.89011まで急騰します。こうした急騰や急落のあとに三角持ち合いができやすいのは先ほど説明した通りです。

　このときも、急騰後に値動きは激しく上下しています。しかし、高値と安値に注目すると7月9日安値と10日高値のレンジ内です。

　フォーメーション分析をしようとすると、まずサポートラインが7月9日安値と結ぶ安値を同日数時間後の灰色点線Aにするか、7月10日の0.88197で結ぶ実線Cにするかで迷いが生じます。この疑問はレジスタンスラインでも同様です。7月10日高値の次を同日中で結んだ灰色点線Bにするか、7月11日の0.88612で結ぶ実線Dにするかがわかりません。

図13. どこが「正しいライン」なのかが不明瞭

ユーロポンド　1時間足　2018年7月

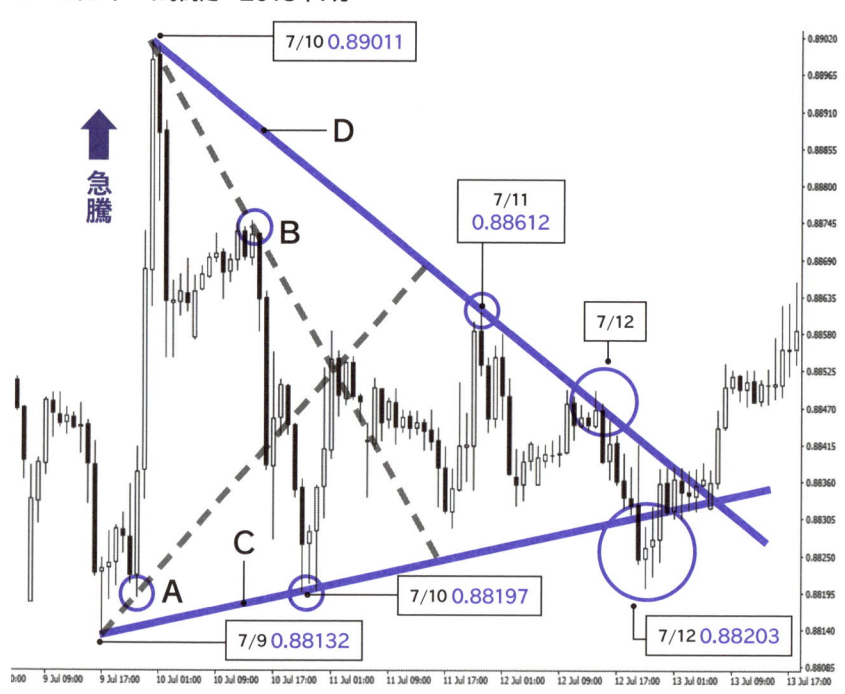

7/10 0.89011

急騰

D

B

7/11
0.88612

7/12

C

A

7/10 0.88197

7/9 0.88132

7/12 0.88203

　このようにどこが正しいラインかわからなくては、適切な相場判断ができるはずもありません。**トレンドラインやレジスタンスラインを引いて判断すること自体にこうした不明確な点があるのです。**

上抜け・下抜けしても方向が定まらない

　このCDトライアングルなら問題がないかというと、そうでもありません。まず7月12日にはレジスタンスをわずかですが上に超えます。しかし、値動きは戻ってしまい、しかもその後はサポートを割り込みます。三角持ち合いの上も抜け、下も抜けたのでは、どちらのラインを信用したらいいのかがわかりません。よって、どちらに動くのか全くわからないことになります。

図14. 明確な方向感が出たのは7/18

ユーロポンド　4時間足　7月

そこで、ここからは本書でこれまでお話ししてきた高値安値とレンジの考え方も加えて、同じユーロポンドを4時間足で見てみましょう（図14）。

図14で明確に上昇の方向感が出たのは、7月18日に7月10日高値を上抜けてからです。つまりレンジブレイクで上昇の動きが決まりました。それまでの間は7月9日のレンジの下限も割り込まず、ダウ理論や値動き分析に従う方が合理的な判断ができることが示されています。

この例からわかることは、単にフォーメーションがトレードには役に立ちにくいということだけでなく、トレンドラインやサポートラインという考え方も、あまり効果が期待できない、ということです。

ヘッド・アンド・ショルダーズの上手な使い方

FX
Section **4**

▌ネックラインが同じ価格になることはほとんどない

　ヘッド・アンド・ショルダーズは酒田五法の三尊天井・逆三尊とほぼ同じです。三尊天井と逆三尊はトリプルトップとトリプルボトムとする考え方もあり、この辺を「形」だけに注目した大雑把な分類になっているように感じます。

　ヘッド・アンド・ショルダーズについては基本的には前項のダブルトップやダブルボトムと同じ考え方ですが、ダブルトップやダブルボトムとの違いは、2つ目の高値Cがヘッド（頭）になるので必ず前の高値や安値を更新しています（図15）。そして、B－Dを結ぶネックラインを超えると反転する、とされています。

　このヘッド・アンド・ショルダーズでも、前項のダブルトップやダブルボトムと注意点は同じです。つまり、BとDが同じ値になること

図.15 基本的なヘッド・アンド・ショルダーズ

ヘッド・アンド・ショルダーズ
トップ

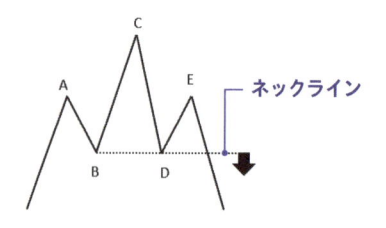

ヘッド・アンド・ショルダーズ
ボトム

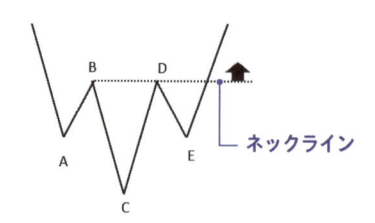

はほとんどないので、この価格の位置関係でヘッド・アンド・ショルダーズが教科書通りに動いたり、上手くいかなかったりすることになります。要するに、ここでも四本値を確認して値動きを理解しているかどうかで、上手く使えるかどうかが決まってきます。

レンジブレイクと重なれば転換する可能性が高まる

まずは、DがBを抜けて転換点を超える動きになる場合です（図16）。

この場合、BとCのレンジを抜けたところにDがあるので、相場の流れは転換する可能性が高くなっています。よって、EがCを超えない限り相場は反転することになります。さらにEのポイントは転換した方向へポジションを取るには、Cの損切りを狭めることもできます。

一方、DがBとCのレンジの中にある図17のような場合は、転換点を超えていないので、レンジ内の推移です。よって方向はまだ定まらずここの「形」で取引する場合はリスクが高くなります。

安値高値を意識することで相場の動きに備える

以上のように、フォーメーションやチャート・パターンを暗記する方法の問題点と、値動きの仕組みを理解した場合の優位性をお話しし

図.16 レンジブレイクと重なる場合

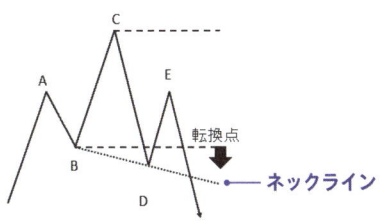

ヘッド・アンド・ショルダーズ
トップ

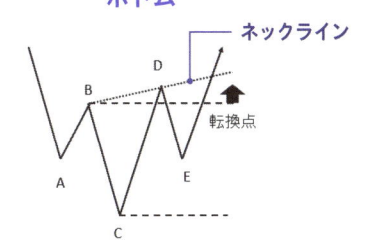

ヘッド・アンド・ショルダーズ
ボトム

ヘッド・アンド・ショルダーズ
トップ

ヘッド・アンド・ショルダーズ
ボトム

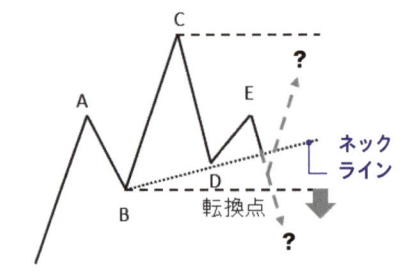
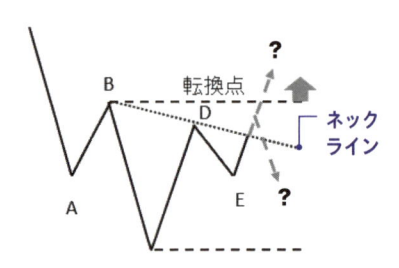

ました。

　本書で何度も同じような説明をしているのは、シンプルに高値と安値を意識することで相場の動きの多くの場合に備えることができるからです。

　相場を長く続け、徐々に資産を増やしていくには、「暗記」ではなく「理解」が必要です。四本値をチェックし、値動きを追うことがその第一歩になるので、この点をご理解頂ければ、本書は目的を達成できたことになります。多くのトレーダーの方が値動きを元に、さらに自分流の取引方法を確立する手助けとなれば幸いです。

■著者紹介

田向宏行 （たむかい　ひろゆき）

専業トレーダー。個人投資家。
大学卒業後、資格試験に挑戦するが挫折。就職できず仕方なく起業。事業経営の間に投資を開始。
事業譲渡後の現在は個人投資家。FX は 2007 年から取引を開始した。
2009 年ブログ虹色 FX を開始。
2010 年月刊 FX 攻略 .com で FX コラムの連載開始。
2011 年よりインヴァスト証券 総合情報サイト INVAST NAVI に為替予想を執筆。
2012 年より西原宏一メルマガで、ディナポリ・チャートを使った相場分析を担当。
2016 年 11 月　テレビ東京　ワールドビジネスサテライト他、テレビ出演。
FX や投資関連書籍の企画やラジオ NIKKEI の投資番組制作協力、FX セミナーの企画構成やレポートの執筆、YENSPA！などへの寄稿や取材協力など幅広く活動。週の半分はテニスで汗を流す。
著書に『相場の壁とレンジで稼ぐ FX（改訂版）』、『1 日 2 回のチャートチェックで手堅く勝てる兼業 FX（改訂版）』、『誰でも学べば一生役立つ投資の基本技術』（自由国民社）、『臆病な人でも勝てる FX 入門』（池田書店）など 6 冊。共著に『2022 年版 FX の稼ぎ技 225』（スタンダーズ）、他 5 冊、DVD に『ダウ理論で読み取る FX シンプルチャート分析』（パンローリング）がある。

ブログ（虹色 FX）　http://maru3rd.blog85.fc2.com/
X（旧ツイッター）　https://twitter.com/maru3rd で日々、情報発信中

ずっと使える FX チャート分析の基本

発行	2018 年 11 月 2 日　初版第 1 刷発行
	2023 年 11 月 25 日　初版第 20 刷発行
著　者	田向宏行
発行者	石井　悟
発行所	株式会社自由国民社
	〒171-0033　東京都豊島区高田 3-10-11
	TEL 03（6233）0781（営業部）
	TEL 03（6233）0786（編集部）
チャート提供	ワイジェイ FX 株式会社（現：GMO 外貨株式会社）
印刷所	奥村印刷株式会社
製本所	新風製本株式会社

編集協力・本文デザイン	株式会社ループスプロダクション
本文 DTP	BUENOdesign
カバーデザイン	吉村朋子